리스판서블 컴퍼니

파타고니아

리스판서블 컴퍼니
파타고니아

Responsible Company
Patagonia

이본 쉬나드, 빈센트 스탠리 지음
박찬웅, 심규태, 양미경, 장인형, 조용노, 최원호 옮김

틔움

CONTENTS

RESPONSIBLE COMPANY
What we've learned from Patagonia's first 40 years

"우리에게 주어진 가장 중요한 권리는 책임질 권리이다."

"The most important right we have is the right to be responsible."

제럴드 아모스 Gerald Amos

WHAT WE DO FOR A LIVING
1장 우리는 왜 일하는가

WHAT
WE DO FOR
A LIVING

우리는 먹고살기 위해 일을 한다. 그런데 이 먹고사는 일 자체가 자연과 인간의 기본적인 삶을 위협하고 있다는 사실을 알고 있을까? 자연의 가치를 너무 가볍게 생각하고 자연의 훼손을 계속해서 방조한다면 인간의 육체적·경제적 웰빙은 보장될 수 없다.

지난 수십 년간 기술이 끊임없이 발전해 왔음에도 불구하고 인간의 창의력과 적응력, 현명함 등은 전혀 쇠퇴하지 않았다. 또한 도덕이나 삶에 대한 연민, 정의에 대한 열망도 잃지 않았다. 이제 인간은 이런 고유의 능력들을 활용하여 사회적으로도 정의롭고, 환경에 대한 책임을 저버리지 않으면서 삶을 지속시킬 수 있는 경제활동에 앞장서야만 한다.

무려 200년의 역사를 가진 지금의 비즈니스 모델은 더 이상 생태적, 사회적, 그리고 경제적으로도 지속가능하지 않다는 것이 증명되었다.

이제는 모든 사업 주체가 나서 문제를 해결하는 데 앞장서야 한다. 이에 대한 사회적 요구는 점점 높아지고 있다. 이 책은 우리가 직면한 환경과 경제 위기, 그리고 우리 시대에 필요한 기업의 책임을 다루고 있다.

두 명의 필자는 모두 파타고니아에서 40년 이상 일했지만, 이 책이 꼭 파타고니아라는 회사에 관한 것만은 아니다. 파타고니아의 철학과 역사에 대해서는 이 책의 저자인 이본 쉬나드의 저서 《파도가 칠 때는 서핑을Let My People Go Surfing》에 잘 나와 있다.

우리는 파타고니아에 관심 있는 사람뿐 아니라, 비즈니스에 대한 근본적인 변화가 필요하다고 생각하는 모든 사람에게 이 책을 권한다. 이 책은 파타고니아처럼 자체 생산시설 없이 제품 디자인과 판매만을 하는 기업, 또는 생산 시설을 갖추고 있는 제조기업의 사례들을 주로 언급하고 있다. 하지만 환경적 영향을 줄이고 조직 구성원의 역량을 높이는 데 관심 있는 비정부기구NGO나 비영리Non Profit 조직 혹은 서비스 기업들에게 유용한 사례도 많다. 그리고 경영자나 관리자, 실질적인 업무를 수행하는 직원 모두에게 도움이 되며, 경영학을 배우는 학생이나 막 직장생활을 시작한 젊은이들을 위한 책이기도 하다.

초창기 파타고니아는 사업적 위험을 감수하며 무리하게 성장하는 것을 목표로 하지 않았다. 특정한 분야의 제품으로 비교적 수월하게 돈을 벌며 환경 보호를 위한 집착에 가까운 신념을 지닌 그런 회사로 알려졌다. 이본 쉬나드는 세계 최고의 산악 등반장비를 생산하는 쉬나드장비회사 Chouinard Equipment Company 의 자회사로 파타고니아를 설립했다. 쉬나드장비회사는 하루 열 시간 이상 불을 때는 대장간 같은 곳에서, 망치질과 금속 재단으로 암벽 등반용 쇠못과 쐐기를 만들었다. 하지만 의류 판매를 본업으로 하는 파타고니아는 쉬나드장비회사와 달랐다. 감가상각이 필요한 구가이 금형이나 장비가 필요 없었고, 시장이 제한적인 소수의 산악인보다는 일반인을 대상으로 하는 고객층을 갖고 있어 사업하기가 비교적 수월할 것이라고 생각했다. 그때만 해도 목화솜이 석탄만큼 더럽다는 것은 아무도 알지 못했다.

쉬나드장비회사는 사람의 생명을 좌우하는 제품을 만들고 있었기 때문에 품질이 매우 중요했다. 얼음 등반에 사용되는 도끼는 아주 미세한 균열만으로도 등반가를 위험한 상태에 빠트릴 수 있어, 품질 문제는 아무리 사소해도 쉽게 용납되지 않았다. 물론 이 같은 기준은 럭비 셔츠에도 똑같이 적용되지만(암벽등반 같은 스포츠에도 견딜 수 있도록 두껍고 질겨야 한다.) 옷 이음매 부분이 잘못되었다 하더라도 사람이 죽을 정도는 아니었다. 쉬나드장비회사에 비하면 파타고니아는 조금 편하게 돈을 벌 수 있었고, 모기업을 흑자로 유지시킬 만큼 이익을 내는 회사였다.

의류 제품을 디자인하고 생산·판매하는 본업에 집중하면서부터, 파타고니아는 서서히 사업의 주체로서 사회적 책임을 깨닫기 시작했다.

다음 장부터는 이것을 의식하게 된 순간(우리가 일반적으로 사용하고 있는 천연섬유 목화솜이 얼마나 유독한지를 밝혀낸 사례를 포함하여)부터 환경 보호를 위한 첫걸음이 어떻게 시작됐고 또 다음 걸음을 가능하게 만든것은 무엇인지 우리의 발자취를 따라가볼 것이다.

파타고니아가 책임기업responsible company의 전형이라고 말할 수는 없다. 책임기업으로서 해야 할 일들을 다 못하고 있을뿐더러, 우리가 알고 있는 어떤 기업도 그렇게 하는 곳은 없기 때문이다. 다만, 사업을 막 시작한 어느 조직이 과연 어떤 방식으로 환경과 사회적 책임을 인식하게 되었고, 그들의 인식이 어떻게 발전되어 왔는지를 보여주고자 한다.

파타고니아는 자연을 사랑하고 그 자연의 일부가 되어 살아가고자 하는 열혈 등반가와 서핑 애호가들에 의해 성장해왔다. 그래서 우리는 약간 특별한 사업을 하고 있다는 생각을 했다. 20년 전이라면, 비행기 옆자리에 샤넬 정장을 입고 진주 목걸이를 한 여성이 토즈 핸드백에서 〈포춘〉을 꺼내 읽고 있는 상황에서 그녀에게 말을 걸만한 얘깃거리를 찾을 수 없었을 것이다. 하지만 지금은 그런 상황에서도 다양한 주제의 이야기를 건넬 수 있다. 토즈 핸드백과 샤넬 정장의 재고 관리에서부터 디자인에 이르기까지, 그리고 장기적으로는 원자재 부족으로 인해 발생할 수 있는 다양한 문제점들을 포함해서 말이다. 파타고니아가 아웃도어 의류라는 극히 제한적인 분야에서 사업을 하고 있다 하더라도 모든 사업가에게 해줘야 할 말이 있음을 최근에야 알게 되었다.

생쥐와 인간은 99퍼센트의 유전자를 공유하고 있다. 월마트와 BP, 파타고니아도 그렇다. 파타고니아 창업자들은 다른 사람들보다 사회적·환경적 변화에 더 많은 관심을 두고 있다. 일부는 파타고니아가 개인 소유의 비상장 기업이라 그럴 수 있다고 말한다. 하지만 파타고니아 창업자와 경영진 역시 다른 대기업들과 비슷한 수준의 경영 능력을 요구받고 있으며, 그들과 똑같이 새로운 사업기회를 찾고, 다양한 경쟁과 제약에 노출되어 있다.

다만 파타고니아는 등반가와 서핑 애호가를 대상으로 사업을 시작했기 때문에, 자연과 환경의 중요성에 관해 다른 기업보다 좀 더 빨리 인식하고 대처해 왔을 뿐이다. 그러나 지금은 자연과 환경에 대한 위기가 모든 기업에 똑같이 적용되고 있다. 이 책은 파타고니아 외에 다른 기업들이 환경적·사회적 우려로 인해 해왔던 활동에 대해서도 다루고 있다. 파타고니아 설립 초기, 우리는 벤앤제리Ben & Jerry's, 바디샵, 스미스앤호켄Smith& Hawken 등 유명 기업의 창업자들과 많은 대화를 나눴다. 그리고 REI, 노스페이스North Face 등 다양한 아웃도어 제품을 만드는 기업들과 함께 비영리단체인 환경보호연합Conservation Alliance을 만들어 서식지와 여가 공간으로서의 황무지 보호 활동을 벌여왔다.

이런 종류의 대화와 활동을 통해 우리는 업계의 업무처리 관행이 환경을 오염시키고 자원의 낭비를 촉진하고 있다는 사실을 알게 되었다. 비록 이런 관행이 제품 생산을 책임지고 있는 협력회사에 의해 이뤄졌다 하더라도 결국에는 그 기업 자신의 이름으로 이뤄지는 것과 같다는 사실도 깨닫게 되었으며, 세상에는 우리의 조언과 도움이 필요한 회사가 많다는 사실도 알게 되었다. 그중에는 레비스트라우스Levi Strauss, 나이키, 팀버랜드Timberland, 갭Gap과 같은 글로벌 대기업도 많았다. 그리고 우리는 카펫타일 제조회사 대표인 레이 앤더슨Ray Anderson이나 인터페이스Interface의 창업자들처럼 다른 업종의 리더들과도 많은 대화를 나누며 기업의 환경적·사회적 책임의식과 활동을 공유했다. 〈이코노미스트〉는 레이 앤더슨의 부고 기사에서, 그가 폴 호켄Paul Hawken의 저서 《상업의 생태학The Ecology of Commerce》을 읽고 나서 미국 최고의 그린green 사업가로 변신했다고 밝힌 바 있다. 보다 책임 있는 기업이 되기 위해 노력하는 회사는 파타고니아만이 아니었다.

우리는 원가를 올리지 않고 제품의 품질을 높일 수 있는 방법에 대해 고민하던 중, 잭 스택Jack Stack과 많은 이야기를 나눌 수 있었다. 그는 망해가는 스프링필드재생산회사Springfield Remanufacturing Company를 직원들과 공동 투자방식으로 인수한 후, 직원 참여라는 지배 구조 혁신(예를 들면, 일선 직원들의 의견을 반영하는 혁신)과 오픈북open-book 경영을 통해 회사를 성공적으로 재기시킨 인물이다. 잭은 최고 경영자뿐 아니라 일선 현장에서 일하는 직원들의 지식을 제대로 활용해야만 성공적인 경영 전략을 만들고 실행할 수 있음을 가르쳐주었다.

기업의 조직 문화는 지금까지 많은 구조적 변화를 겪어 왔다. 대표적으로 실리콘 밸리의 첨단 기업들은 지난 20년 동안 구시대적인 업무 규칙을 혁신적으로 바꾸는 데 앞장서 왔다. 예를 들면, 무료 헬스장, 무료 식당, 근무시간의 20퍼센트를 자신이 좋아하는 일에 투자할 수 있도록 허용하는 등의 변화가 그것이다. 구글은 이런 혁신을 통해 구글어스Google Earth를 만들기도 했다. 구글어스는 구글 직원 몇 명이 기후 변화와 개발로 인해 터전을 잃고 쫓겨나는 동물의 이동 경로를 표기한 지도를 만들어 황무지 보존 운동을 하는 환경 운동가에게 제공하려던 것에서 비롯되었다.

또한, 특별한 빵집과 하우스 맥주, 유기농 목장과 유기농 농산물 직판장 등이 뜨고 있으며, 건강식품이 대세가 되고 있다. LEEDLeadership in Energy and Environmental Design라는 친환경 건축물 인증제도가 소개되어 빌딩 건축에 대한 새로운 기준을 제시함으로써 상업적 건축물 시장에 큰 변화를 가져왔다. LEED는 시간이 지날수록 더 건강한 업무 공간과 더 높은 품질의 건축 공간을 제공함으로써 결국에는 빌딩 소유주와 투자자 모두에게 큰 이익을 가져다 주는 것으로 인정받고 있다.

직원의 다양한 욕구에 빠르게 반응하고 자연 훼손에 대한 의식 있는 기업들이 늘어나면서, 구시대적인 방식으로 경영을 해왔던 일반 기업들도 변화의 흐름을 인식하기 시작했다. 하지만 아직도 충분하다고 말할 수는 없다.

기업이 속해있는 산업이나 업종에 상관없이 우리는 미래를 생각해야만 한다. 이제부터는 에너지와 물 부족, 그와 관련된 비용의 증가, 늘어나는 쓰레기의 양과 처리 비용을 고려하지 않을 수 없다. 그래서 월마트에서부터 애크미브래드Acme Bread collective, BP부터 패트타이어맥주Fat Tire Ale, 그리고 다우케미칼Dow Chemical에서부터 파타고니아에 이르기까지 모든 기업은 의도했든 하지 않았든, 너무 낡고 환경을 오염시키며, 쓰레기를 필요 이상으로 배출하여 결과적으로 많은 돈을 계속 투자해야만 유지될 수 있는 기존의 산업 시스템을 해체하기 위해 노력하고 있다. 이제 우리는 인간의 삶을 황폐하게 하지 않으면서, 우리에게 꼭 필요한 상품을 만드는 새로운 방법을 찾아야 한다. 이제는 기존 경제의 낡은 지붕이 무너지기 전에 새로운 지붕을 얹기 위해 노력해야 할 때이다.

현대의 소비자는 의심이 많다. 이들은 기업에 다양한 질문을 한다. 그 회사 제품이나 서비스가 나와 우리 가족에게 피해를 주지는 않나? 제품 생산 과정에서 직원과 지역사회, 혹은 지역 생태계에 피해를 주지는 않았을까? 그 제품이 사회적·환경적 비용을 상쇄시킬만한 충분한 가치가 있나? 물론 사회적 비용보다 더 큰 사회적 이익이 있을 수 있다. 하지만 유기농 씨앗이나 퇴비를 파는 사업이 아니라면, 사업이라는 이름으로 행해지는 대부분의 것은 그 이익을 환경에 돌려주지 못하고 있다. 모든 사업은 결과적으로 환경에 피해를 준다.

고객이 일부러 시간을 내서 어떤 회사의 문제점을 직접 찾아 나서지는 않겠지만 뭔가 잘못되고 있다는 사실을 알게 된다면, 결코 그냥 넘어가지는 않을 것이다. 텔레비전 시사 프로그램을 보거나 신문을 구독하는 이유가 특정 회사의 화학물질 불법 배출을 찾아내기 위한 것은 아니지만, 만약 혹시라도 이런 행위를 알게 된다면 다양한 디지털 기기와 소셜미디어를 이용하여 그 회사의 부당한 행위를 적극적으로 알릴 것이다. 이제는 누구나 기업의 문제점을 고발할 수 있다.

이런 현상은 더 이상 새로운 뉴스가 아니다. 아웃도어 의류, 자동차, 전자제품, 화학제품 등 모든 산업에 영향을 주는 사회적·환경적 관행에 대해 대부분의 사업가가 이를 눈여겨 보고 있다. 나쁜 뉴스의 주인공이 되고 싶어하는 사람은 아무도 없다. 월미드가 그랬던 것처럼, 이제 모든 기업은 10대를 두려워하고 있다. 지금의 10대는 환경적으로 수용 가능하며 사회적으로 가치 있는 것에 높은 관심을 보인다.

스캇 리Lee Scott는 월마트 CEO로 재직 중, 다음과 같은 맥킨지의 설문 조사 결과를 알게 되었다. 월마트 고객의 54퍼센트는 월마트가 "너무 공격적"인 이미지를 갖고 있다고 답했으며, 82퍼센트는 월마트가 다른 기업들의 롤모델이 되어 주기를 기대했고, 2에서 8퍼센트의 고객은 월마트에 대한 나쁜 뉴스를 듣고는 화가 나서 다시는 이용하지 않았다고 대답했다.

좋은 평판을 유지하기 위해 영업 방식을 바꾸는 회사가 있는 반면, 원가를 줄이기 위해 영업 방식을 바꾸는 회사도 있다. 대다수 기업은 여전히 시장에서 새로운 기회를 찾고자 끊임없이 변화를 꾀한다. 그리고 모든 기업은 경쟁한다. 우리의 경쟁사는 쓰레기와 폐기물을 줄이고자 노력하며, 다양한 환경 변화에 더욱 잘 적응하고, 더욱 민첩하며 효율적인 조직이 되기 위해 애쓰고 있다. 환경 개선을 이뤄낸 기업은 더 많은 고객을 확보할 수 있다. 전 세계를 대상으로 사업을 하는 기업은 까다롭기로 이름난 유럽의 환경기준에 맞게 상품을 만들 것인지, 아니면 유럽 이외의 국가에서 판매할 수 있는 싸구려 상품을 수출할 것인지 선택해야 한다. 하지만 후자를 선택한다 해도 비정부기구나 경쟁사의 감시로부터 자유로울 수 없다.

연금이나 기금, 대학 등이 조성한 펀드 역시 사회적으로나 환경적으로 책임을 다하는 기업에 더 많은 돈을 투자하고 있다. 지난 15년 동안 퇴직 연금에만 의존해 온 개인이나, 위험 회피를 위해 투자 다각화에 집중해왔던 투자자들은 모두 혼란에 빠졌다. 대부분이 기대했던 투자 수익을 올리지 못했기 때문이다. 하지만 하버드경영대학원의 조사 결과에 따르면, 사회적 책임기업에 투자했던 펀드의 수익률은 시장 평균을 웃돌았다. 개인 투자가들에게 새로운 투자 기준이 생긴 셈이다.

기업 스스로 사회적·환경적 책임 의식을 갖춘 직원과 고객, 그리고 투자자를 확보하기는 쉽지 않다. 하지만 다양한 기관의 도움을 받고 다른 기업들과 함께 노력한다면 이 같은 작업이 더욱 수월할 것이다. 이제는 책임기업으로서의 사업 기준과 관행, 그리고 사례를 만들어 나가야 한다. 그리고 이 같은 정보를 공유하며 폐기물과 쓰레기를 줄여나가는 데 있어 서로 도와야 한다. 이런 환경이 선의의 경쟁을 가능하게 만든다.

파타고니아, 인터페이스, 스토니필드팜스Stonyfield Farms 등을 포함하여 좋은 회사 혹은 좋은 회사가 되고자 하는 기업들이 힘을 합쳐 사회적으로나 환경적으로 의미 있는 일들을 실천해 나가야 한다. 의류 생산 협력회사의 한 공장에서 어린이 노동력 착취 문제가 불거져 많은 사람으로부터 질타를 받았던 나이키는, 전 세계 모든 공급망에 걸쳐 있는 외주 생산공장의 환경을 개선하고 공정한 노동에 대한 최소한의 기준을 만드는 데 노력을 기울여 이 분야에서 세계적인 리더가 되었다. 인도에 있는 공장 주변 지하수를 오염시키고 우물을 마르게 했던 코카콜라는 공장 폐수를 수중생물이 살 수 있고 농업용수로 사용해도 될 만큼 환경적으로 충분히 깨끗하게 만들겠다고 약속했다.

폭약 원료인 네이팜 제조사 다우케미칼Dow Chemical은 화학약품 원료인 석유를 대체할 수 있는 물질 개발을 약속했다. 다우는 최근 네이처 컨저번시Nature Conservancy와 함께 향후 5년간 1000만 달러 규모의 펀드를 조성하여 생태계의 가치를 금액으로 환산할 수 있는 방법을 개발하기로 했다. 다우케미칼은 앞으로 모든 사업상 의사 결정에 있어서 생태학적 평가를 하는 데 이것을 활용키로 했다. 글로벌리포팅이니셔티브Global Reporting Initiative, GRI는 2010년 지속가능성 연례보고서에서 다우에 A+라는 점수를 주었다. 코카콜라와 다우는 켈로그, 듀폰, 그리고 다른 여러 기업과 함께 새로운 형식의 포장재를 개발하고 있다(포장재는 전체 폐기물 가운데 세 번째로 많은 쓰레기를 배출한다). 한편, 최저가라는 무기로 시장을 독점하면서 엄청난 환경 비용을 발생시켜 온 월마트는 이제 100퍼센트 재생 에너지만을 사용하며, 폐기물을 전혀 발생시키지 않고 "우리의 자원과 환경을 지속가능하게 만드는 제품만을 팔기로" 다짐했다.

개인이나 소비자 단체들은 기업에 더 많은 요구를 하기 시작했다. 개인 소비자들은 미국 경제의 3분의 2를 차지하고 있어 그 영향력이 막강하다. 물품을 대량 구매 하는 지방자치단체, 주 정부, 그리고 정부 기관과 공공단체 역시 기업에 대한 사회적·환경적 책임에 적극적인 움직임을 보이기 시작했다.

모든 산업은 변하고 있다. 보수적인 미국 낙농업계도 미국 농무부의 지원 하에 월마트와 협력하여 생태 파괴적인 공장식 축산제도를 바꾸는 대규모의 프로젝트를 시작했다. 생산성을 높이고, 우유의 유통기한을 늘리며, 온실가스의 주원인인 소의 메탄 트림을 줄이고자 사료를 바꾸고, 소의 배설물을 수거하여 유기농 비료로 활용하고 있다.

10년 전만 해도 대부분의 건설회사는 친환경 사업에 관심이 없었다. 낮은 입찰가와 고정 예산이라는 구시대적인 제도 때문에, 설계와 건설에 이르는 모든 단계에서 품질을 고려하지 않았던 것이다. 설계와 건설 과정에서 자원 절약 시스템에 대한 특별한 인센티브가 있었다면 건설회사들이 그저 비용 절감에만 매달리지는 않았을 것이다. 결국, 2000년에 이르러 환경 피해를 줄이고 에너지 효율을 높이는 기준으로 LEED 인증이 도입되기 시작했다. 도입 당시, 전 세계적으로 635개의 건물만이 LEED 기준을 적용하여 건설되었으나, 2012년에는 무려 4만 개의 건물이 인증을 받았거나 인증을 신청했다.

건물주와 관리인들은 LEED를 채택함으로써 장기적으로는 건물을 유지 보수하는 데 필요한 원가가 더욱 낮아진다는 사실을 알게 되었다. LEED 인증을 받을 경우 초기 건설 비용이 약 2퍼센트 정도 증가하지만, 이는 빌딩의 내용연수 기간 동안 열 배가 넘는 원가 절감 혜택으로 돌아온다. 즉, LEED 기준에 의하면 1평방푸트 당 연간 90센트의 비용을 절감하여 2년 이내에 투자금 전체를 회수할 수 있다. LEED는 상업용 건물의 새로운 기준이 되고 있으며, 이것이 도입되면 도시 풍경 전체를 바꾸어 놓을 것이다. 예를 들어 단열과 정화기능이 뛰어난 옥상 정원이 설치되면 냉난방 수요가 줄어들고 건물 사용자들이 쉴 수 있는 도심 숲을 제공하는 효과도 생긴다. 도시개발 전문가 조나단 로즈Jonathan Rose가 지은 저소득층 주택에서도 이 같은 사례를 찾아볼 수 있다. 조나단 로즈는 체육관을 지하가 아닌 옥상에 두도록 설계했다.

아웃도어 산업 역시 빠르게 변하고 있다. 아웃도어산업협회Outdoor Industry Association, OIA는 에코지수Eco Index를 개발하여 제품의 사회적·환경적 영향을 측정할 수 있게 했다. 파타고니아의 질 두메인Jill Dumain은 에코지수 개발을 위해 구성된 20개 기업의 실무진 중 한 명으로서, 2년 동안 매주 컨퍼런스 콜에 참여하면서 지수 개발에 전념했다. 나이키는 지난 7년간 이 모임에 총 600만 달러를 투자하여 환경친화적 의류 디자인 평가도구(내부적으로 자사 제품의 환경적 영향력을 금, 은, 동 세 단계로 평가하는 도구)를 개발했다. 에코지수는 제조, 포장, 배송뿐 아니라 고객서비스, 제품의 소비, 재활용되는 소재의 비율, 재활용 가능성 등 환경에 미치는 모든 영향력을 측정한다. 이 지수는 기업의 물 사용과 온실가스배출, 독성 화학용품 사용 및 폐기물을 줄일 뿐 아니라 공장 내 근무 환경을 개선하고 관리함으로써 공급망 전체를 완전하게 통제할 수 있도록 한다.

이들의 정책과 제도는 투명하게 운영되며, 모든 일은 자문위원회에서 투표로 결정된다. 그리고 중소기업뿐 아니라, 나이키나 REI, 팀버랜드 같은 대기업에 이르기까지 모든 기업에 적용할 수 있는 협조 체계와 방법론 개발을 위해 제로웨이스트얼라이언스Zero Waste Alliance라는 컨설팅회사를 고용한 바 있다.

아웃도어산업협회의 에코지수 자문위원회는 현재 두 번째 단계의 활동을 시작했다. 100여 개 기업에 지수 측정도구를 무상으로 제공하여 각자의 제도를 벤치마킹하고 개선된 내용을 평가할 수 있도록 한 것이다. 5년 이내에 에코지수를 일반 소비자들도 사용 가능하게(버클리대학교의 다라 오로어케Dara O'Rourke 교수가 개발한 굿가이드Good Guide 평가시스템처럼) 만드는 것이 목표이다. 이 시스템이 완성되면 소비자는 큐알Quick Response 코드 스캔만으로 해당 아웃도어 제품의 사회적·환경적 영향 평가 점수를 알 수 있게 된다.

이 지수는 적용하기 쉬울뿐 아니라 확장 가능성도 높다. 그래서 전 세계 의류와 신발 매출의 30퍼센트를 차지하는 기업들의 모임인 지속가능성의류연합Sustainable Apparel Coalition에게 이 지수를 제공, 그들에게 적합한 평가도구를 개발하는 데 활용될 것이다.

지난 수년간 파타고니아는 거대 기업인 월마트와 긴밀한 관계를 유지하면서 환경에 대한 경각심을 일깨워 왔으며, 이제부터는 지속가능성의류연합에게도 뭔가 이바지를 해야겠다고 생각했다. 월마트 임원들이 파타고니아의 환경 경영 사례를 배우겠다고 처음 우리에게 연락했을 때, 사실 우리는 조금 놀랐으며 그 결과에 대해 크게 기대하지 않았다. 두 회사는 규모나 업종에서 그 차이기 너무 깄기 때눈에 서로 어떤 도움을 주고받을 수 있을지에 대해 회의적이었다. 회사 규모만 봐도, 당시 파타고니아의 연간 매출은 4억 달러에 불과하지만 월마트는 4천억 달러에 이르렀다. 기업 문화도 마찬가지였다. 사업의 중심이 남부캘리포니아 도심에 있는 기업과 알칸서스Arkansas라는 시골에 있는 기업. 최고의 품질과 미적 감각을 중시하는 기업과 철제 매대 위에 초저가 제품을 판매하는 기업. 이렇게 큰 차이가 나는 두 기업이 서로에게서 무엇을 기대할 수 있겠는가? 우리가 중요하다고 생각하는 가치와 월마트의 가치는 크게 달랐다.

월마트가 우리를 찾아왔던 2008년은 소비자들의 환경 인식이 한참 높아지고 있던 시기로, 큰 어려움을 겪고 있었다. 월마트의 기업 평판은 추락하기 시작했고 단일 기업을 상대로 역사상 가장 많은 건수의 소송으로 시달리고 있었다. 이런 시련 속에서 월마트는 대부분의 거대 기업들이 하는 것처럼 몇 가지 아주 기초적인 환경 개선 제도를 도입했고 홍보팀은 이런 활동을 언론에 알리기 시작했다. 그러나 머지 않아 월마트는 중요한 사실을 깨달았다. 겨드랑이냄새 제거제의 과도한 포장을 없애고, 농축세탁세제를 기존의 것보다 더 작은 병에 담고, 배송 트럭의 공회전 시간을 줄이기 위해 보조동력장치를 다는 등의 조치만으로도 연간 수백만 달러 이상을 절감할 수 있다는 사실을 알게 된 것이다.

포장 재료를 줄일수록 에너지 사용도 줄어들고 더 많은 돈을 벌 수 있었다. 회사 운영으로 발생되는 탄소를 줄이면 줄일수록 낭비되는 돈도 적어진다. 지속가능성이라는 단어가 홍보팀의 전유물에서 이제는 사업 전체의 대명사가 된 것이다.

이후 월마트는 저 공회전 트럭을 세계에서 가장 많이 보유한 기업이 되었다. 월마트의 경제규모는 스위스보다 크다. 월마트는 유럽, 중국, 인도, 브라질 등 전 세계 각국에 매장이 있으며 이들 국가는 모두 환경에 대한 규제를 더욱 강화해 나갈 것이 분명했다. 지구 상에서 사업을 계속하기 위해서는, 환경적 영향을 줄여나가는 것이 얼마나 중요한지 알게 된 것이다.

파타고니아와 월마트의 교류는 다윗과 골리앗 같은 두 개의 기업을 하나의 공유된 가치로 묶는 계기가 되었다. 파타고니아의 이본 쉬나드와 월마트의 최고 상품기획 책임자인 존 플래밍John Fleming은 3개월 후 뉴욕에서 개최될 의류리더십컨소시엄에 세계적 규모의 16개 의류회사를 초청했다. 초대장에 굵은 색으로 쓰인 한 문장에는 비장함이 배어 있었다.

반나절 세션에서, 우리는 전 세계적으로 통용되는 의류산업의 지속가능성을 위한 기준이 필요하다는 것에 합의했고 그 기준을 만들고 적용하기 위해 지속적인 협력 방안을 만들기로 했습니다.

그 초대장의 마지막에는 레종데뜨르raison d'etre(존재의 이유)가 적혀 있었다.

지속가능성에 대한 새로운 기준이 만들어진다면, 기존의 방법보다 훨씬 더 효과적으로 직원과 지역사회, 소비자, 그리고 지구 환경에 미치는 모든 영향을 개선해 나갈 수 있을 것입니다. 우리 모두 힘을 합친다면 더 잘 될 수 있습니다. 여러분 모두 함께 해주길 바랍니다.

이렇게 그들은 함께 했다. 뉴욕 회의에 참석했던 기업은 모두 지속가능성의류연합의 회원이 되었다. 연합은 회원들의 합의에 따라 운영되며, 아웃도어산업협회의 에코지수를 활용하여 사회적·환경적 기준을 만들기로 했다. 연합은 지금 개방형 평가도구를 개발하여 회원에게 제공하고 있다. 우리는 이 지수를 소비자에게도 제공하여 활용토록 할 것이다. 그래서 소비자 자신이 구매하는 제품의 사회적·환경적 영향을 알 수 있게 만들기로 했다.

다른 산업에서도 이와 비슷한 시도들이 이뤄지고 있다. 현재 400개가 넘는 지수가 개발되어 시행 중이거나 시행을 고려하고 있는데, 가정용기구(에너지 스타)에서부터 전자제품(EBEAT), 그리고 자동차에 이르기까지 모든 제품에 대한 환경 영향을 소비자가 평가할 수 있게 되었다. 아직은 좀 이르지만 이런 지수들은 곧 소비자의 구매 방식에 혁명과도 같은 변화를 촉발할 것이다. 소비자들은 이 같은 지수 공개로 인해 많은 정보를 가진 현명한 구매자로 변하고 있다.

모든 기업은 협력회사(제품 공급 및 판매회사)를 갖고 있으며 기업의 성공에는 이들의 역할이 아주 중요하다. 이들 협력회사 역시 보다 책임 있는 사업 모델을 개발하기 시작했다. 기업과 협력회사는 서로 도와야 한다. 우리의 이름으로 행하고 있는 모든 활동에 우리 스스로 책임지는 것처럼, 협력회사의 사회적·생태적 발자국 역시 기업 책임의 일부임을 명심해야 한다. 파타고니아가 알파인 재킷을 생산하고 있는 베트남 하노이의 맥스포트Maxport 공장 노동 관행에 대해 책임지는 것처럼, REI도 자신의 상점에서 팔고 있는 파타고니아 재킷에 대한 환경 발자국에 책임을 져야 한다. 어떻게 해야 그럴 수 있을까? REI가 파타고니아에게 재킷을 만드는 방식에 대해 관여할 수는 없지만, 다른 회사의 재킷을 진열하고 판매하는 것은 가능하다. REI가 자신의 상점에서 팔리고 있는 재킷의 환경 발자국을 줄이는 데 관심이 있다면, 어떻게 해서든 파타고니아의 사업 관행이 개선되도록 영향력을 행사해야 한다. 이 같은 영향력은 실제로 가능하다. 월마트의 사례에서 발견했던 것처럼 제품이 환경에 미치는 영향의 90퍼센트는 이미 그 제품의 설계 단계에서 결정된다. 중국 광동에서 행해지는 환경피해 대부분을 결정하는 사람은 바로 로스앤젤레스에서 일하는 상품 설계자인 것이다.

모든 기업은 이런 의미에서 직원들로부터 신뢰, 충성, 헌신을 이끌어내고 직원이 전문 지식을 동원하여 새로운 경제 시스템에 적합한 운영방식을 찾아낼 수 있도록 도와야 한다. 직원의 신뢰와 헌신을 얻는다면, 급여와 복리후생 및 직원 복지를 강화하는 것보다 더 큰 효과를 기대할 수 있다. 1980년대나 그 이후에 태어난 직원들은 대부분 자신의 능력과 창의성이 가장 잘 활용되는 것을 기본적인 권리로 보기 때문에 월급을 많이 준다고 해서 동기부여가 되지 않는다.

직장에서 일하는 것에 만족하는 직원은 많지 않다. 그러나 직원 대부분은 회사에서 쓸모 있는 사람이 되기를 원하며, 더 나아가 자신이 하는 일로 인해 세상이 밝고 흥미롭게 변하기를 바란다. 어떤 직원도 자신이 일하고 있는 회사가 부끄럽게 행동하는 것을 원하지 않는다. 출근하면서 자신의 가치관을 집에 두고 나오는 사람은 없다.

모든 사람은 이 세상을 더 살기 좋은 곳으로 만드는 방법과 이 세상을 통해 얻고자 하는 것을 이야기하며 산다. 10년 전 사람들에게 일반적으로 받아들였던 여러 가지 상황을 지금도 그대로 받아들이라고 강요하기는 어렵다. 교외에 지어진 비슷비슷한 쇼핑몰, 허름한 주택, 널리 퍼진 비만, 싸구려 오락거리, 바가지 서비스 등 모든 것은 자연의 희생을 대가로 만들어졌다. 사람을 자연의 일부로 본다면 자연의 희생이 우리에게 좋은 영향을 줄 수 없다.

지속가능성. 이 단어의 의미는 가능한 한 적게 사용하는 것을 선택하라는 것이다. 우리가 자연에 되돌려줄 수 있는 것보다 더 많은 것을 자연으로부터 취하지 말라는 뜻이다. 그러나 현실 속 우리는 자연에 주는 것보다 더 많은 것을 자연으로부터 가져오고 있으며 자연을 위한 일보다는 자연을 해치는 일을 더 많이 하고 있다. 자연은 자신을 정화해 나가면서 다양한 종류의 생명을 품는다. 우리는 이런 자연의 능력을 해치지 않으면서 의·식·주를 영위하고 우리의 삶을 즐기는 방법을 찾아야 한다. 그렇게 못한다면 세상을 지속가능하게 만드는 사업은 결코 존재할 수 없다.

어쩌면 70억 명의 인구가 사는 지구 상에서 지속가능한 사업 자체가 요원할 수도 있다. 특히 중국, 인도, 멕시코, 브라질 그리고 러시아에는 식욕이 왕성한 중산층(물론 사회적으로나 환경적으로 깨어있는 계층이기도 하지만)이 급속하게 늘고 있는 것도 이 같은 기대를 더 어렵게 만든다. 우리가 만드는 모든 것은 어떤 형태로든 자연을 훼손한다. 예를 들면, 한 개의 결혼 금반지를 만드는데 무려 20톤의 광산 폐기물이 배출된다. 우리 생활과 더 가까운 예를 들면, 파타고니아 폴로셔츠 한 장을 만드는 데 필요한 유기농 면을 재배하기 위해서는 무려 2700리터의 물이 필요하다. 사람들이 보통 하루 석 잔의 물을 마신다고 할 때 2700리터의 물은 총 900명이 하루 동안 마실 수 있는 양이다. 또한, 폴로셔츠 한 장을 만들기 위해 목화농장에서 창고까지 이동될 때

완제품 무게의 30배에 달하는 이산화탄소가 발생하며 생산과정에서
는 완제품의 세 배에 달하는 폐기물이 배출된다.

아직은 인간의 어떤 경제 활동도 지속가능하다고 할 수 없다.

20년 전 파타고니아는 히포크라테스 선서의 산업용 버전을 만들어
의류산업 전체가 사명으로 삼도록 했다. 바로 "불필요한 피해를 주지
않는다."였다. 여기서 말하는 피해에는 단계가 있다. 파타고니아의 폴
로셔츠는 독성이 있는 화학살충제를 사용하여 경작된 일반 목화로 만
든 다른 셔츠보다는 환경적 피해를 덜 끼친다. 폴로셔츠를 파타고니
아의 청바지처럼 건지농법dry-farmed으로 경작된 목화로 만든다면 좀
더 지속가능할 것이다. 그러나 이런 노력에도 불구하고 폴로셔츠를
계속 생산하는 이상, 자연에 주는 피해를 제로(0)로 만들 수는 없다.
에너지 사용과 탄소 배출, 그리고 자투리 천조각 쓰레기 등을 완전히
제거할 수는 없기 때문이다.

그러나 우리는 노력해야 한다. 환경 피해를 줄이기 위한 모든 노력
은 결국 큰 차이를 만들어 낼 것이며, 앞으로는 그 피해를 최소화함으
로써 자연의 복원력과 심지어는 바이오미미크라이biomimicry(역자 주: 생
물체의 특성과 구조 및 원리 등을 산업에 적용하는 것)를 이용하여 훼손된 환
경을 복원하는 것이 가능해지는 상상을 할 수 있다. 특정 산업 전체에
걸쳐 자연 훼손이 이뤄진 상태라면, 전 산업적인 차원에서의 그 피해
를 복원해야 한다. 소비자뿐 아니라 기업이 더 적극적으로 에너지와
물의 소비 및 폐기물 배출량을 줄이기 위해 노력해야 한다. 결국, 이

지구를 건강하게 회복시키거나 아니면 지구 스스로 건강을 회복할 수 있도록 만들기 위해서라도, 하루빨리 혁신과 같은 변화가 필요하다. 할 수 있는 데도 하지 않는다면 그것은 책임 있는 행동이 아니다.

많은 기업이 지구와 공유자원에 대한 보다 책임 있는 행동을 위해 무언가를 하고 있다. 그리고 흔들림 없이 그 책임을 다한 기업은 보다 차원 높은 다음 단계로 넘어가는 데 있어 자신감을 갖게 될 것이다. 책임이란 우리가 추구하는 그 길을 가는 데 있어 사용할 수 있는 가장 적절하면서도 겸손한 단어이다. 책임을 통해 비즈니스가 자연으로부터 그 이상의 것을 취하지 않기를 바랄 뿐이다.

WHAT CRISIS?

2장 무엇이 위기인가

WHAT
CRISIS?

철학자 알프레드 노스 화이트헤드Alfred North Whitehead는 우리가 경험하고 있는 자연의 창조적 진보를 "지속적인 새로움"으로 묘사했다. 그러나 지금의 자연은 우리의 생각보다 훨씬 느린 속도로 변화를 받아들이고 있다. 우리는 삶의 속도를 조금 늦춰 지구에 해를 입히는 활동을 지금보다 훨씬 자제해야 하며, 지구 상에서 벌이고 있는 모든 활동에 우리 자신이 깨어 있어야만 한다.

우리는 무언가를 덧붙이거나 변형 또는 제거하는 방식으로 자연에 해를 입혀 왔다. 19세기부터 인간은 자연이 흡수할 수 없는 화학물질을 엄청나게 만들어 냈다. 결국, 1979년 미국 환경보호국은 심의나 금지 처분 없이 사용되고 있는 6만 2000가지의 산업용 화학물질을 확인하기에 이르렀다. 이 가운데 겨우 수백 개의 화학물질만이 유해성 테스트를 거쳤을 뿐이다. 인체에는 우리 조상들이 그 이름조차 들어보지 못했던 200여 개의 화학물질이 있다. 그중 일부는 함량이 높아지면서 유독성으로 바뀌며, 또 다른 일부는 소량으로도 천천히 작용하는 발암물질이 되기도 한다. 그리고 어떤 화학물질의 경우 그 자체로는 우리 몸에 나쁜 영향을 주지는 않지만, 혈액 속에서 다른 물질과 결합하면서 치명적인 해를 입히기도 한다. 자연으로 배출되는 다양한 화학물질이 상호작용을 통해 만들어 낼 수 있는 조합의 수는 30억 개에 이를 것으로 추산된다.

인류의 지식은 얕다. 그래서 환경적 요인으로부터 직접적인 질병의 원인을 찾아내 그것을 증명하기는 어렵다. 일부 질병은 개발도상국보다 선진국에서 훨씬 높은 비율로 일반화되었고, 그것은 아마도 인체의 면역력이 떨어진 결과일 수도 있다. 대표적으로는 천식, 알레르기, 낭창 그리고 경화증 같은 염증에 대한 자가 면역력 장애가 포함된다. 중년에 접어드는 비흡연자들은 흡연자와 동일한 정도로 폐기종의 전 단계인 만성폐색성 질환에 걸릴 가능성이 높은 것으로 알려졌다. 여성의 유방암 발병비율은 과거 30년 동안 3배 증가했는데, 단지 5 내지 10퍼센트만이 유전적인 원인으로 파악되고 있을 뿐이다.

과학자들은 특정한 암과 환경적 요인(고압 전선, 강에 퇴적된 폴리염화바이페닐, 휴대폰 등)과의 직접적 연관성을 밝혀내지 못하고 있다. 흡연과 같은 비환경적 요인만이 자세하게 연구되면서 질병과 관련 있음을 확인했으며, 환경적 요인에 있어서는 참치와 같은 포식성 물고기를 많이 먹을 경우 수은 중독으로 인한 질병에 걸릴 수 있는 것으로 알려졌다.

그리고 인간이 배출하는 오물과 남발되고 있는 화학비료의 사용으로 다량의 질소와 인이 상수원에 유입되고 있으며, 영양분 과잉 공급으로 강은 녹조 현상이 심해지면서 산소 공급이 차단되어 강 속 물고기가 죽어가고 있는 것으로 확인되었다. 멕시코 만에서 발생한 이런 부영양화 현상이 지금은 아시아와 유럽, 그리고 북아메리카에 있는 호수 절반 이상에서 발견되고 있다.

우리는 자연을 변형시켰다.

1959년 이후 지금까지, 19퍼센트 이상 상승한 대기의 이산화탄소 농도는 현재 60만 년 이래 최고치에 이르렀고, 더운 공기는 더 뜨겁게 그리고 차가운 공기는 더 차갑게 변했으며 태풍을 한층 사납게 만들었다. 북극의 빙산은 10년마다 9퍼센트씩 줄어들고 있으며, 남극 서쪽의 빙산도 매년 겨울 해양으로 녹아 들고 있다. 라르센 B 빙산은 그 규모가 로드아일랜드와 비슷한 크기였으나 불과 35일만에 붕괴되었다.

우리는 되갚을 수 없다는 것을 알면서도 자연으로부터 빌려 쓴다고 말한다.

1960년 인류는 전체 인구 대비 절반 정도의 자원만을 소비하며 살았다. 1987년 우리는 소비 가능한 자원의 한계를 넘어 소비하기 시작했으며 25년이 지난 지금, 우리는 인구 대비 1.5배의 자원을 소비하며 살고 있다. 소비 비중도 아주 불평등한 구조를 이루고 있다. 유럽은 인구 대비 세 배의 자원을, 북미는 일곱 배의 자원을 소비한다. 중국과 인도처럼 세계 최대 인구를 가진 국가가 있음에도 이런 현상이 목격되는 것을 보면 소비 분포의 불균형이 크다는 것을 알 수 있다.

생물학자들은 지구의 여섯 번째 멸종위기가 가까워지고 있다는 사실에 동의한다(다섯 번째는 공룡이 살았던 시절이었다). 2009년 〈네이처 Nature〉의 한 연구보고서는 생물다양성biodiversity이란 인류가 훼손해 온 "행성의 경계planetary boundary"라고 정의했다. 인류는 수용 불가능한 환경 변화를 만들어 낸 아홉 가지의 원인 중, 가장 심하게 자연을 훼손한 대상으로 알려졌다. 네이처가 제시하는 멸종의 한계점은 1년에 100만 종 당 10개의 종이 사라지는 것을 의미한다. 그러나 우리의 현실은 1년에 100만 종 당 100개의 종이 멸종되고 있으며, 심한 경우 정상적인 기준의 1000배(절대 오타가 아니다.)가 멸종되기도 한다. 양서류의 30퍼센트와 북극곰, 코뿔소, 호랑이, 기린과 고릴라 등을 포함한 포유류의 21퍼센트가 일촉즉발의 위험한 상태에 놓여있다. 12퍼센트의 조류종, 73퍼센트의 꽃과 식물, 27퍼센트의 산호와 50퍼센트에 이르는 곰팡이류와 원생생물도 모두 멸종 위기에 처해있다.

호수나 강으로부터 끌어다 쓰고 있는 물의 양은 1960년 이후 두 배로 늘어났다. 지구의 주요 강들은 거대한 인구를 먹여 살리느라 바다에 이르지 못한 채 말라가고 있으며, 이 때문에 바닷가 연안은 부영양화로 고통받거나 이미 죽어버린 지역으로 변하고 있다. 댐으로 막혀버린 콜로라도 강은 이제 더 이상 멕시코 만으로 흘러가지 못해 풍요로웠던 삼각주는 독성이 가득한 늪지대로 변했다. 2025년이 되면 중국에 있는 강 가운데 1년 내내 바다와 만날 수 있는 강은 남아 있지 않을 것으로 예측된다. 곧 습지는 황폐해지고 새와 해양생물 대부분이 사라질 것이다. 중국의 강은 그 땅에 사는 사람들에게 더 이상 생명줄 역할을 못하게 된다.

전 세계적으로 습지는 해를 거듭할수록 감소하거나 멸종되고 있으며, 산호초와 맹그로브숲 역시 같은 운명에 처해있다. 주요 어종노 사라지고 있고 가난한 나라에 있는 열대우림 역시 계속 줄어들고 있다. 또한, 재래식 경작과 윤작을 하지 않는 농경방식으로 엄청난 양의 표층토양이 사라지고 있다. 1인치의 표층토양이 자연적으로 형성되는 데는 500년의 세월이 필요한 것으로 알려졌다.

국민 대부분이 가난에서 벗어나지 못하고 있는 저개발 국가나 개발도상국에서는 생태학적인 위협이 더욱 커지고 있으며 식량과 물, 위생시설 부족 현상이 전혀 개선되고 있지 않아 자원의 고갈 속도는 더욱 빨라지고 있다.

세계는 지금 사막으로 변해가고 있다. 인간이 만들었으나 더 이상 통제할 수 없는 지경에 이르게 된 '세계화' 때문에, 우리의 삶 전체가 사막으로 변하고 있다. 세계화의 빠른 진행 만큼 인간의 욕망을 충족시키기 위한 지구 자원의 소비도 빠르게 진행됐다. 하지만 세계화의 폭풍이 지난 후 황폐해진 자연의 회복 속도는 더디기만 하다. 세계화의 속도는 매우 빨랐지만 어리석고 잔혹했으며 그 성과도 모호했다.

마치 빈대 한 마리를 잡기 위해 초가집을 순식간에 태워버린 것과 같았다.

초가집이 타오르는 것을 지켜보면서도 아무 말을 할 수 없었던 사람들은, 그 빈대가 자신의 집에 있었다는 사실조차 확인할 수 없었다. 그리고 지역사회를 대표하는 사람들조차 스스로 할 수 있는 일이 거의 없었다. 지역사회 정치인들이 외부 경제력에 굴복당함으로써, 시민권의 개념은 이미 그 의미를 잃었다. 결국, 인류가 공동으로 사용해야 할 자산들이 하나씩 사라지면서 세상은 점점 사막으로 변해갔다.

파타고니아와 그 창업자인 이본 쉬나드는 등산, 서핑과 같은 야외 활동과 깊은 관계를 맺고 있어 황무지와 야생의 피해에 침묵할 수 없었다. 파타고니아에게 황무지와 야생은 자연 어디에나 있는 흔한 장소 이상의 정신적 개념이 담겨 있다. 자연주의자 마거릿 무리Margaret Murie의 정의에 따르면 황무지는 사람의 흔적이 없는 곳이다.

우리는 자연의 일부다. 만일 인간이 야생의 자연을 경험하지 못했거나, 그것으로부터 보거나 배울 방법이 없다면 인간의 감각은 발달할 수 없을 것이다. 인간은 자연의 힘을 느낄 수 있다는 사실에 경외심을 가져야 한다. 미처 알지 못했던 자연의 웅장함에 직면했을 때, 인간은 자신의 한계와 능력을 더 잘 알게 된다. 에머슨 Emerson, 소로우 Thoreau와 같은 초월론자Transcendentalist들은 1830년부터 1860년까지 뉴잉글랜드에서 이런 사실을 사람들에게 가르쳤다. 그들은 우리가 누구이며 어떻게 살아야 하는지를 자연으로부터 배울 수 있게 해줬다.

스코틀랜드 출신의 존 무어John Muir는 사고로 시력을 잃은 채 어두운 방 안에서 8개월 이상을 지내면서 긴 도보 여행을 결심했다. 처음에 그는 인디애나에서 플로리다까지 도보 여행을 시작했으며, 그 후 잘 알려진 대로 요세미티로 갔다. 몇 년간의 도보 여행 동안 무어는 양철로 된 컵 한 개, 한 움큼의 차, 빵 한 덩어리 그리고 에머슨의 책 복사본을 갖고 다녔다(이 두 남자는 1071년의 어느 날 요세미티에서 만나게 된다). 무어는 시에라Sierras 지역의 지질학과 식물학에 관한 글로 큰 명성과 존경, 그리고 경제적 독립까지 얻을 수 있었다. 그가 이룬 최대의 성취는 테디 루스벨트Teddy Roosevelt(26대, 1901년~1909년 미국 대통령)를 설득하여 요세미티에 정부 캠프 건설을 포기하게 하고, 머리 위로 별이 보이는 야외에서 침낭을 깔고 잘 수 있게 만든 것일지도 모르겠다. 그날 밤은 자연보호운동의 탄생일과 같았다. 무어는 루스벨트에게 요세미티국립공원을 만드는 것에 관해 이야기했다.

이런 이야기를 처음 듣는 사람은 조금 놀랄 수도 있겠지만, 1972년에 루스벨트의 정치적 후계자인 리차드 닉슨Richard Nixon은 멸종위기동물보호법에 서명하면서 이렇게 말했다.

이것은 환경적 각성이다. 이것은 미국 정신의 새로운 감성과 국민 삶에 대한 새로운 성숙함을 의미한다. 우리는 그동안 자연과 지구 상에 존재하는 다른 생명체들을 지배하는, 거만한 신처럼 행세하며 살아왔지만 이제는 책임 있는 자연의 파트너로서 살아 가겠다고 약속했다. 이런 가치는 혁명과도 같은 변화를 만들어낼 것이다. 이것은 개인, 기업, 정부 그리고 시민단체 등을 통해 자 원을 보존하고, 오염을 통제하며, 다양한 환경 문제를 예방하고, 토지를 더 현명하게 관리하며, 황무지를 보존하는 등의 실천적인 개혁을 만들어 낸 것이다.

하지만 그동안 미국은 황무지의 가치를 제대로 인정하지 못했고 자 연을 스승으로 생각하지도 않았다. 닉슨이 연설한지 벌써 40년 넘게 지났지만, 미국은 여전히 고속 성장을 주도하는 집단으로 알려졌으며 물질 만능 자본주의를 추구하고 자연 파괴에 앞장서고 있다는 비난을 받고 있다. 2010년 권위 있는 환경성과지수Environmental Performance Index, EPI에 따르면, 아이슬란드, 스위스, 코스타리카, 스웨덴, 노르웨이가 지 수 상위 5개국으로 선정되었으며 독일, 영국, 프랑스 그리고 일본 등 은 상위 20위에 포함되었다. 하지만 미국은 61위였다.

이런 순위는 환경에 관한 미국 국민의 무관심을 잘 보여준다. 퓨연 구소Pew Research Center는 2011년 설문조사에서 미국인 중 오직 40퍼센 트만이 환경보호를 중요한 정책적 우선순위에 두고 있는 것으로 보인 다고 밝혔다. 이는 10년 전 63퍼센트에서 크게 하락한 수치다.

이런 현상은 앞으로도 계속될까? 1960년 과잉 조직화된 세계에서 의 청소년 범죄를 분석한 《부조리하게 자라다Growing Up Absurd: Problems of Youth in the Organized System》라는 책에서 폴 굿맨Paul Goodman은 10년 안에 청소년 운동이 봉기할 것으로 예측한 바 있다. 결국, 확고부동한 지배세력에 대응하는 시민과 여성의 권리 신장 운동이 함께 일어났다.

어떤 상황이든 균형에서 크게 벗어난다면, 사람들은 그 같은 상황을 불합리한 것으로 받아들인다. 우리는 지금 사회적·환경적 불균형 속에 있다. 두 명의 필자를 포함하여 기성세대가 바라는 것이 있다면, 1980년대에 태어난 젊은이들이 보다 의미 있는 일이나 혹은 올바른 일을 하며 일생을 살았으면 좋겠다는 것이다. 이것은 바로 자연과 사람에 대한 책임 있는 활동을 의미한다. 정부와 기업은 사회적, 환경적, 그리고 개인적 건강의 억제를 통해 경제가 건강하게 유지된다는 뻔한 거짓말을 반복하고 있다. 젊은이들은 이를 당당하게 거부해야 한다.

세상은 점점 더 경쟁적으로 변하고 있다. 아이슬란드는 계속해서 1위를 차지할 수 있을까?

THE RESPONSIBLE COMPANY IN OUR TIME

3장 우리는 책임기업에게 무엇을 요구하는가

최근 들어 많은 기업이 자연과 공유자원에 대한 책임을 인식하고 이를 위한 활동을 시작했다. 하지만 진정성을 가진 회사는 그리 많은 것 같지 않으며, 책임 있는 자본주의 시대가 도래했다고 말하기도 아직 이르다. 기업 활동은 우리 사회에 큰 영향을 주고 있어, 그동안의 사업 관행을 갑자기 바꾼다는 것은 쉽지 않다.

기업이 어떻게 해야만 책임의 주체가 될 수 있을까? 주주에게 이익을 배당하고, 직원에게 좋은 복지를 제공하고, 최고의 제품을 만들고, 지역사회에 기여하고, 자연보호 활동을 벌이면 될까? 물론 책임기업이라면 이런 모든 의무를 감당해야 한다. 그러나 우리가 직면하고 있는 환경 위기 그리고 기업에 대한 사람들의 사회적 열망을 좀 더 세심하게 살펴본다면, 기업의 책임은 50년 전 혹은 150년 전과 크게 다름을 알 수 있다.

1860년대 책임기업들은 주주에 대한 이익 배당을 자랑스럽게 생각했고 이를 위한 재정상태를 유지하는 데 총력을 기울여왔다. 100년이 지난 후, 상황은 말도 못하게 복잡해졌다. 1860년에는 오직 5퍼센트의 업무가 기계에 의해 수행되었고 95퍼센트의 일은 인간과 동물에 의해 이뤄졌다. 1960년에 이르러 이 수치는 완전히 뒤집혔다. 95퍼센트의 업무가 기계에 의해 수행되고 있다. 제트기를 이륙시키는 데 (만약 인력을 쓰는 것이 가능하다면) 70만 명의 근육질 남자가 필요하다고 한다. 기계의 발달로 인간과 동물은 자기가 가진 능력 이상의 일을 할 수 있게 된 것이다.

1860년에서 1960년에 이르는 한 세기 동안, 기업의 유한 책임이 법제화되면서 회사에 대한 손해배상 청구, 사기, 부도로 인해 주주나 경영자가 감옥에 가거나 개인적인 파산에 처하는 일이 없어졌다. 그러나 빠르게 산업화가 진전된 국가에서 노동조합 세력이 강해지기 시작했고, 진보적 정치운동이 강화되면서 기업은 직원에 대한 다양한 책임을 떠안아야만 했다. 기업이 직원의 건강과 안전까지 책임지게 된 것이다. 19세기 후반에서 20세기 초 미국과 유럽에서는, 완전히 강제화된 법은 아니었지만, 여성과 아이들을 위하여 근무 시간을 법으로 제한했고 이 같은 움직임은 전 세계로 확산되었다.

1960년대 많은 대기업들(미국 기업으로는 IBM, 3M, 벨앤호웰Bell & Howell, 커민스엔진Cummins Engine, 존슨앤존슨 등)은 해외진출을 통해 큰 돈을 벌었다. 이들 기업은 회계 장부를 정직하게 기록하고 공무원을 매수하지 않으려 노력했고, 직원들에게도 높은 수준의 급여를 지급했다(특히 남성에게 더 많은 월급을 지급하여 직장이 없는 부인과 아이를 잘 부양하도록 했다). 그리고 직원을 위한 실질적인 교육훈련 프로그램을 운영했고, 내부 승진을 장려했으며, 직장 내 안전 문제 해결을 위한 다양한 제도를 도입하고, 지역 병원과 학교를 지원하고 여가 활동을 장려해 왔다.

그 당시 대기업에는 명확한 위계질서가 있었다. 미국과 유럽의 경우 남성이 최고경영자가 되었고 그들은 주로 백인이었다. 명령과 통제를 통해 사람을 조직화하는 경영방식은 군대와 로마 가톨릭 교회에서 비롯된 것이며, 헨리 포드Henry Ford와 프레더릭 윈슬로우 테일러Frederick Winslow Taylor의 공헌으로 완성되었다. 지금과 마찬가지로 기업의 최고경영진은 그들의 시간 일부를 할애하여 정부와 관련된 일을 돕기도 하고, 이사회 구성원들 역시 주요 협력회사, 고객 기업, 혹은 은행 등의 이사회에 직접 참여하기도 했다. 회사와 노조는 상황에 따라 적대적이거나 협력적인 관계를 유지하며 지냈다.

교육 수준과 급여가 낮은 근로자의 삶도 좋아지기 시작했고, 대부분 근로자는 기업과 사회보장제도를 통해 지급되는 연금을 기대할 수 있었다. 당시 대기업은 금융활동보다는 산업활동을 통해 성장해왔다. 뉴딜New Deal 개혁 이후, 미국의 상업은행들은 주 경계를 넘어서 영업할 수 없었고 은행이 아닌 금융기관을 소유하거나 투자은행과 합병할 수 없었다. 대기업이라 해도 그 규모는 지금보다 작았으며 지금처럼 많은 부를 소유하거나 큰 영향력을 행사하지도 못했다. 1960년 말 다우존스지수는 평균 615였다.

지난 50년 동안 기업은 인종, 성별 또는 나이를 이유로 한 차별을 방지하기 위한 새로운 규제에 직면하게 되었고 미국, 유럽, 일본 등은 공기와 물의 오염을 방지하기 위한 환경규제를 도입하기 시작했다. 기술은 빠르게 발전했고 이에 따라 생산성도 높아졌다. 많은 종류의 직업이 사라졌으며 정리 해고당한 근로자도 부지기수였다. 한 연구소의 조사에 따르면 미국에서 사라진 여섯 개의 직종 중 다섯 개가 생산성 향상 때문이었으며 나머지 하나는 오프쇼링이나 생산기지의 해외 이전 때문인 것으로 밝혀졌다.

다우존스지수가 1982년의 1000에서 2007년까지 25년 동안 1만 4000으로 상승하는 동안, 사회의 부는 중산층보다는 상위 10퍼센트의 소득자에게 더 많이 돌아갔다. 이 같은 현상은 특히 미국과 영국에서 심했다. 중산층의 실질수입이 늘어나지는 않았지만, 401k 계좌(역자 주: 미국 퇴직연금 제도)와 부동산을 보유한 사람들의 자산 가치는 크게 높아졌다. 임금이 정체되면서 맞벌이 가정이 일반화되었고 부모 모두가 있는 가정의 수도 점차 줄어들었다. 특히 유럽, 일본과 같은 선진국에서는 사회 안전망도 서서히 붕괴하기 시작했다. 이는 늘어나는 퇴직자를 적은 근로자들이 부양해야만 하는 구조 때문이었다.

앞장에서 밝혔듯이 경제 활동의 증가는 생물 다양성의 상실과 세계적인 산림 파괴, 해양 오염, 사막화 등과 같은 엄청난 환경적 피해를 가져왔다. 공기나 물의 청결도cleanliness처럼 가시적인 척도만을 본다면 미국의 환경은 크게 개선된 것처럼 보인다. 로스앤젤레스 시민은 이제 여름에도 산가브리엘San Gabriel 산맥을 볼 수 있게 되었다. 쿠야호가 Cuyahoga 강은 더 이상 불붙지 않는다(오염물질로 인하여 강물에 불이 나는 화재가 발생했었다). 비록 잡아먹을 수는 없지만 회귀성 어류가 허드슨 강과 켄네벡 강으로 되돌아오고 있다.

그러나 눈에 보이지 않는 다양한 환경 문제는 더욱 악화되었다. 온실가스의 형성, 공기 중 이산화탄소 수치의 증가, 바다의 산성화, 어류의 남획, 해양 생태계를 지탱하는 산호의 멸종, 수백 년이 지나야만 다시 채워지는 지하수층의 고갈, 아시아 인구 대부분이 의존하고 있는 강의 부영양화 등은 이미 회복되기 어려운 지경이 되었다. 10억 명 이상의 사람들이 사막으로 변해가고 있는 지역에서 생명의 위협을 받으며 살고 있다.

미국 경제의 3분의 2는 소비 지출에 의존한다. 경제 전문가들은 〈뉴욕타임스〉의 중앙 왼쪽 지면에서부터 〈월스트리트저널〉 오른쪽 지면 모두를 꽉 채워가며, 소비라는 신에게 경배를 올리고 최소 3퍼센트의 성장을 위한 복음을 전하고 있다. 그러나 이것은 지속가능하지 않다. 쇼핑몰 안에 있는 수많은 가게 중 무작위로 한 곳을 골라 들어가 보면 싸고 짠 패스트 푸드, 한번 쓰고 버리는 일회용품, 전기 마사지 기계, 개인용 산소공급 막대처럼 우리가 만든 대부분의 것이 쓰레기와 크게 다르지 않거나 아니면 불필요하게 사치스럽고 호화로운 것들이 가득하다. 우리는 값으로 따질 수 없는 소중한 것을 희생시켜가며 쓰레기 같은 제품을 만들어 내고 있다. 즉, 인간의 지식과 능력으로는 결코 대체할 수 없는 소중한 자연 자본nature capital(숲, 강, 토양 등)이 쓸모 없는 제품 생산에 소비되고 있는 것이다. 우리는 별로 필요하지도 않고 우리의 삶에 그다지 큰 도움도 되지도 않는 제품을 설계하고 만들며 소비하는 데 우리의 뇌와 하나뿐인 지구 자원을 낭비하고 있다. 인간이 만드는 모든 것에는 판매를 통해 얻는 수입보다 훨씬 큰 비용이 수반됨을 잊어서는 안 된다.

세계 인구의 증가와 도시화로 인해 소비는 크게 늘었고 지구 자원은 점점 고갈돼가고 있다. 지금대로라면 인간의 소비활동이 지속가능한 날은 그리 멀지 않아 보인다. 우리는 포스트컨슈머리스트post-consumerist(역자 주: 소비지상주의를 반대하는 운동) 사회로 넘어가는 과도기에 있으며 이는 시간, 공공의 공간, 균형 등과 같은 집단의식의 회복을 촉구하고 있다.

포스트컨슈머리스트 세상에서는 제품 생산 가격이 계속 상승할 것이다. 이는 제품 생산에 소요되는 진정한 의미의 사회적·환경적 비용이 가격에 반영되기 때문이며, 이로 인해 소비자들은 더 이상 쇼핑을 취미로 즐길 수 없게 될 것이다. 이런 세상이 그리 나쁜 것만은 아니다. 우리는 다른 형태의 만족할만한 여가 활동을 즐길 수 있고 더 많은 시간을 가족 및 친구들과 함께할 것이며 보다 의미 있는 일을 많이 하며 지내게 될 것이다.

물론 제품 생산인구가 줄어든다 하더라도 적은 인원으로 더 많은 제품을 생산하는 시스템으로 인해, 자원은 더 빠르게 고갈되고 부자들만이 이들 제품을 소비하는 반이상향적 경제의 가능성도 존재한다. 과거 50년간 제조업의 근로자 1인당 생산량은 크게 늘었다. 그렇다고 해서 서비스 분야가 잉여 근로자에 대한 고용을 책임져야 하는 것은 아니다. 제조업에 속해 있지 않더라도 앞으로 모든 기업은 점차 자동화된 시스템을 도입하여 지속적으로 생산성 향상을 추구해야 한다. 예를 들면 시간 당 전화 응대 수, 전화 통화 수 당 판매량 등이 그것이다. 사무직 근로자의 경우 일의 강도는 더욱 높아질 것이고, 이에 반발하는 직원들의 저항으로 고객 서비스는 더 나빠질 수 있다. 결국, 기업은 새로운 기회를 잃고 파산할 확률이 높아졌으며 전문성을 갖고 있지 못한 사람들은 대부분 오랜 실업과 불충분한 사회보장제도로 인해 큰 어려움에 빠지게 될 것이다.

우리 자식과 손자들에게 이런 환경을 물려주지 않으려면 사회적·환경적 붕괴를 지켜 보고만 있어서는 안 된다.

우리는 반이상향적 경제를 피해 갈 수 있다. 인류가 가진 모든 지혜와 기술을 동원해서라도 새로운 항해를 위한 집단적 재건 작업을 수행해야만 한다. 지금까지의 경제는 많은 사람에게 비교적 효과적으로 작동했고, 또 일부의 사람들에게는 호화로운 생활을 보장해주기도 했다. 그러나 밥 한 끼를 먹기 위해 재봉틀 앞에 앉아야만 하는 열두 살짜리 아이가 사라지고 아시아 각국에 흐르고 있는 그 어떤 강도 청바지 제조과정에서 생긴 폐기물로 오염되지 않게 하기 위해서는 우리 서로가 상대의 입장과 환경을 돌볼 수 있어야 한다.

우리 사회가 포스트콘슈머리스트 시대에 접어 들었다 하더라도 기업의 역할은 그 규모와 상관없이 중요하다. 우리는 여전히 음식과 옷, 집을 구매해야 하며 재미와 여가를 추구한다. 추울 때는 따듯하게 그리고 더울 때는 시원하게 지낼 수 있는 에너지도 필요하다. 그러나 이제부터는 우리가 만들어내는 모든 것에 내포된 인간적이고 생태학적이며 경제적인 '진짜' 비용을 이해해야만 한다. 우리는 먼저 덜 만드는 노력을 통해 사회적·환경적 비용을 상쇄시켜나가야 하며, 우리가 만드는 모든 제품의 품질을 높여 오랫동안 사용할 수 있도록 해야 한다.

이런 관점에서 볼 때, 책임기업은 주주뿐 아니라 이해집단이라 불리는 그룹, 즉 기업에 종속 혹은 연결되어있는 주체들에게도 수익을 나눠야 할 의무가 있다. 주주 말고도 네 개의 중요한 이해집단이 있는데 직원, 고객, 지역사회 그리고 자연이다.

주주는 여전히 기업에 가장 큰 청구권을 갖고 있지만 주주에 대한 배당은 다른 이해집단의 생산성에 의존하고 있다. 책임기업은 항상 최선을 다하는 경영진과 직원들에게 일종의 빚을 지고 있는 셈이다. 이들은 모든 숫자를 공개하고, 필요한 경우 부서 간의 경계를 넘어 서로 협력하며, 상사의 간섭이나 방해를 최소화하면서 업무 흐름을 효율적으로 만들어 나가고, 처벌에 대한 두려움 없이 잘못된 행위를 고발한다.

책임기업은 또한 고객에게 안전하고 높은 품질의 제품과 서비스를 제공할 의무가 있으며, 이는 생필품과 고가의 상품 모두에 적용된다. 제품은 올바른 생산 과정을 통해 내구성 있게 제작되어야 하며 쉽게 수리될 수 있어야 한다. 해당 제품의 유효 수명이 다하면 재활용되거나 다른 목적에 맞게 새로운 무언가로 다시 만들어질 수 있어야 한다. 특히 기업은 건강과 환경 피해에 대한 소비자의 주장에 대해서도 책임 있게 처신해야 한다.

지역사회에는 제품의 사회적·환경적 영향을 줄이는 데 있어 아주 중요한 협력회사들이 포함되어 있다. 거의 모든 제품이 하도급 시스템을 통해 만들어지고 있는 상황에서, 한 기업이 모든 협력회사의 업무 방식을 '이해하는 것'을 넘어 '제대로 아는 것'은 어려운 일이다. 그러나 누가 무엇을 어떻게 하고 있는지 알고 있는 기업만이 그들 협력회사와 현명하고 효율적인 방식으로 일할 수 있으며 작업 조건을 개선하고 환경적 영향을 줄일 수 있다.

책임기업은 매장, 창고, 공장이 운영되고 있는 지역사회와 일을 하기 위해 사람들이 모이는 모든 장소에 대한 책임도 게을리해서는 안된다. 지역사회에 대한 의무는 공정하게 세금을 내는 것, 금전 또는 상품을 제공하는 것과 같은 기부활동도 포함된다.

지역사회에는 각종 협회와 비정부기구, 비영리단체, 그리고 시민단체도 포함되고 이들은 항상 기업 활동에 많은 관심을 갖고 예의주시한다. 일반적인 시민단체나 운동가들이 페이스북이나 트위터 같은 소셜미디어를 통해 기업 활동에 압력을 가하지만, 그린피스나 동물보호 단체[PETA]는 기업의 경영 정책과 활동에 물리적으로 맞서기도 한다. 우호적이든 아니든 기업과 관련이 있는 사람들은 모두 지역사회의 일부이고 기업이 주목할만한 가치가 있다.

자연은 인간의 운명을 결정하지만 결코 자신의 목소리를 내는 법이 없다. 안타깝게도 자연을 우리 앞에 앉혀 놓고 무엇이 필요하며, 우리가 어떻게 해야만 하는지 물어볼 수 없다. 자연의 침묵 앞에서 우리가 할 수 있는 유일한 일은 유럽연합과 기타 국가의 법령에 포함되기 시작한 '사전예방 원칙Precautionary Principle'을 존중하는 것이다. 그것은 과학적 확실성이 존재하지 않는 상황에서는 새로운 제품이나 기술이 안전하다는 것을 증명해야 하는 부담이 이제 사업의 영역에 들어가게 되었음을 의미한다. 사전예방 원칙은 산업혁명 이후 만연되어 온 우리의 습관을 180도 바꾸도록 요구하고 있다. 이제 기업은 자연보호를 위한 사전 조치를 먼저 취해야 한다.

책임기업이 앞으로 50년 동안 이해집단과의 관계에서 직면하게 될 쟁점들을 살펴보면 다음과 같다.

주주: 앞으로 회계는 훨씬 더 복잡해 질 것이다. 기업은 계속 재무건전성을 유지하고 비용을 줄이며 급여를 제 때에 지불하는 데 필요한 모든 일을 지금처럼 계속 하겠지만, 이제부터 기업은 사회적·환경적 영향에 대한 가치 측정에 더 많은 자원을 할당해야 한다. 그렇지 않으

면 갑작스런 탄소 가격 상승이나 이용 가능한 물 자원의 감소와 같은 심각한 문제에 직면할 수 있다. 앞서 밝힌 것처럼 자연보호협회는 다우캐미칼과 함께 생태계의 경제적 가치를 산정하기 위한 작업을 하고 있다. 또한 푸마Puma는 2011년 브랜드가 생태계에 미치는 모든 영향을 표시하는 '환경적 손익계산서' 작성을 회계컨설팅 기업인 프라이스워터하우스쿠퍼스PriceWaterhouseCoopers에게 의뢰하기도 했다. 우리는 이런 작업들을 통해 다른 기업도 도입할 수 있는 좋은 모델이 만들어지기를 희망한다.

정부 또한 회계기준을 바꿔 나가고 있다. 유엔은 정부회계에 대하여 트리플바텀라인triple bottom line(역자 주: 기업 이익, 환경 지속성, 사회적 책임이라는 세 가지 기준으로 기업의 실적을 측정하는 원칙) 혹은 3P(profit, people, planet) 원칙의 도입을 지지했다. 2010년 세계은행 총재인 로버트 조엘릭Robert Zoellick은 신흥국가와 개발도상국의 천연자원을 수치로 환산해 내는 프로젝트를 추진한다고 발표했다. 전 세계적으로 이들 국가의 천연자원 가치는 약 44조 달러에 이르는 것으로 추정된다.

주식시장에 공개된 기업이 사회적·환경적 성과 개선을 위해 많은 투자를 하는 경우, 주가의 단기 하락을 우려하는 소액주주의 소송으로부터 기업이 보호될 수 있는 법의 제정도 시급하다. 그리고 기업이 매각 혹은 상속될 때 사회적·환경적 개선에 쏟아 왔던 그간의 노력이 축소되거나 없어지는 경우도 많다. 그래서 캘리포니아를 비롯한 일부 주에서는 베네피트 기업benefit corporation(역자 주: 이윤 창출과 사회적 책임 모두를 적극적으로 행하는 기업을 일컫는 단어)이라는 새로운 법적 기준을 만들어 적용하고 있다. 베네피트 기업 등급에 속한 회사는 사회적·환경적 사명을 정관에 명기한다. 베네피트 기업이 되면 높은 수준의 사회적·환경적 기준에 맞춰 경영활동을 할 수 있는(단기적으론 수익을 감소시키지만, 장기적으로 이익을 가져다줄 수 있는) 권한을 부여받게 된다. 비-랩스^{B Labs}이란 기구가 해당 기준을 충족시키는 기업에 베네피트 기업 인증서를 부여하고 있다.

직원: 지난 50년간 업무 자동화, 제조 공장의 해외 이전, 개발도상국의 임금 상승, 그리고 선진국의 임금 정체 등이 계속되어 왔다. 그러나 향후 50년간은 최저생활임금living wage의 회복을 위한 압력이 더욱 높아질 것이다. 1960대에 이르러서야 근로자(주로 남성) 한 명의 연봉이 그의 가족을 부양하기에 충분해야 한다는 가정을 일반적으로 받아들이기 시작했다. 그러나 상황은 많이 변했다. 우리에게 주어진 새로운 목표는 한 명의 근로자가 최소한 4인 가족 부양에 드는 전체 비용의 절반을 벌 수 있도록 하는 것이다.

앞으로도 자동화로 인한 생산성 향상으로 고용률은 더 낮아질 수 있다. 지금보다 더 많은 급여를 받는 근로자가 늘어날수록 실업률도 같이 높아질 것이다. 하지만 농업과 작은 가게, 수공예 산업과 같은 노동집약적 산업에서 그에 상응하는 새로운 일거리를 만들어 내거나 주당 근로시간을 줄이는 방법을 선택한다면 이런 악순환에서 벗어날 수 있다.

결국에는 전문 경영인 잭 스텍Jack Stack의 충고대로 다양한 계층의 직원에게 회사 지분을 분배하여 일에 대한 직원의 몰입을 높이는 방향으로 전환될 가능성이 크다.

고객: 제품 가격의 상승으로 고객은 더 까다로워지고 소비도 크게 늘어나지 않는 어려운 상황이 계속되고 있다. 또한, 소비자들은 구매 제품이 보다 건강하고 인간적인 방식으로 제조·판매되는지 알고 싶어한다. 전 세계적으로 400개가 넘는 사회적·환경적 지수는 환경 피해를 줄이고 공정하게 거래되는 상품에 대한 소비자의 선택을 돕는 데 크게 기여할 것이다.

지역사회: 앞으로 50년 동안 제품 운송에 드는 비용은 더욱 증가하고, 지역 공동체에 대한 기업의 인식은 부분적으로 높아질 가능성이 크다. 이는 지역 경제를 더욱 튼튼하게 만들고 지역사회에 이익이 되는 기업 활동이 활성화되는 데 이바지할 것으로 기대된다.

책임기업은 비정부기구나 관련 단체들과의 긴밀한 협력을 통해 환경파괴를 줄이고 공급망 전체의 근무환경을 개선해 나가는데 노력해야 한다. 관련된 협회와 독립적 지위를 가진 인증기관의 역할 또한 앞으로는 더욱 중요해지는데, 이는 많은 기업이 사회적·환경적 기준을 벤치마킹하고 기업 활동이 모니터링되고 인증받도록 만드는 데 사람들의 관심이 집중될 것이기 때문이다. 그리고 무엇보다 중요한 것은 기업이 공급망 내 모든 협력회사와 신뢰를 바탕으로 진실한 파트너십을 갖고 일해야 한다는 것이다. 이익은 서로를 이용함으로써 생기는 것이 아니라, 서로의 문제를 이해하고 서로의 욕구를 충족시켜 줌으로써 얻어지는 효율의 대가이다.

　자연: 고객은 자연 파괴를 일삼는 기업의 정보를 보다 신속하고 정확하게 알 수 있는 다양한 채널을 갖게 되었다. 따라서 고객은 자연 파괴로 인한 피해를 줄이기 위해 기업에게 더 많은 활동을 요구할 것이다. 에너지와 물 같은 천연자원과 폐기물 처리 비용도 계속 증가하고 있다. 지금은 쓰레기 매립장이나 소각로로 향하는 폐기물의 75퍼센트를 개인이 아닌 기업이 만들어 내고 있다. 생산과 유통과정에서 만들어진 포장지는 고객의 손에 전달되는 즉시 버려지고 있으며 그 양은 총 폐기물의 3분의 1에 이른다.

　에너지 사용과 폐기물 배출량을 줄여야 하는 당위성 때문에 기업은 생산 제품의 수명주기를 보다 체계적으로 분석할 수 있어야 한다. 제품 수명주기에 대한 보다 완전한 분석을 통해 기업은 제품의 생산과 유통, 소비와 폐기에 이르는 전 과정에서 환경에 미치는 부정적 영향을 줄여나갈 수 있다. 결국, 모든 기업은 환경에 대한 영향을 추적할 수 있는 시스템 구축에 나서게 될 것이다.

　자원과 에너지 사용에 있어서는 경제 성장과 건강한 경제의 개념을 분리해야 한다. 물론 말처럼 쉽지는 않다. 먼저 독일, 일본, 중국 정부가 나섰다. 이들 국가는 자원의 절감, 재사용, 재활용을 촉진하는 '순환 경제circular economies'를 만들겠다고 발표했다. 일본은 이미 2000년에 향후 10년간 자원 생산성을 60퍼센트 늘리고 재활용 비율을 40퍼센트에서 50퍼센트까지 증가시키며 폐기물 처리량은 60퍼센트까지 줄이는 법을 통과시켰다. 2011년 발표된 월드워치World Watch 보고서에 따르면 이 같은 계획은 2008년까지 목표대로 진행되었다고 밝혔다.

미국도 고유한 순환경제 시스템을 만들어 이를 추진해 나갈 필요가 있다. 이를 위해 산업형 농업, 석유와 가스의 생산, 그리고 재생 불가능한 자원 개발에 대한 정부 보조금을 줄이고 세금을 깎아주는 정책을 개선해 나가야 한다. 이렇게 되면 제품 가격에 진정한 비용이 반영된다. 예를 들면, 미국 재무부는 면화의 가격을 유지하기 위해 매년 20억 달러의 예산을 지출하는 것으로 알려졌는데, 캘리포니아와 텍사스 지역의 목화 농장들은 이 돈을 받아 엄청난 양의 화학살충제를 뿌리고 있다.

포스트컨슈머리스트 사회에서는 경제적 건강을 측정할 때 국내총생산과 같은 지표를 사용해서는 안 된다. 경제학자 조셉 스티글리츠Joseph Stiglitz의 말처럼, 국내총생산에 비경제적인 요소를 포함하여 그 범위를 확대할 필요가 있다. 2010년 10월 영국에서는 부탄, 캐나다, 프랑스의 선례에 따라 삶의 질을 국내총생산보다 더 넓게 정의하는 행복 지수happiness index를 채택했다. 영국의 행복 지수에는 직업 만족도, 경제적 안전, 친구와 친척 간의 만족스러운 관계, 지역 또는 국가적 쟁점에 대한 의사표현, 개인의 건강, 교육, 환경적 건강, 보안 그리고 자원봉사활동 등이 포함되어 있다.

우리는 과연 가족이나 친구들과 많은 시간을 보내며 잘 지내고 있는걸까? 도움이 필요한 사람들과 함께 어울려 일하고 있나? 학교에서는 우리가 하고 싶어 하는 것을 가르치고 있는가? 아직도 쇼핑을 통해 삶의 재미와 즐거움을 느끼고 있는 사람은 없나? 지난 수십 년간 불필요한 물건을 사고팔면서 생긴 국부national wealth를 추구하느라, 우리는 필요한 수량 이상의 제품을 소비해왔지만, 이것이 행복 추구와는 아무런 상관이 없었다.

세계 경제 성장률을 매년 3퍼센트 이상으로 가정하는 것은 더 이상 지속가능하지 않다. 이는 기업에게 인플레이션을 극복하고 실직을 예방하기 위해 매년 3퍼센트씩 지속하여 성장하라고 요구하는 것과 같다. 그러나 선진화된 사회에서는 이미 좋은 보수가 지급되는 충분한 일자리를 만들어 내지 못하고 있으며, 자동화는 일자리를 만들어 내는 우리의 능력보다 훨씬 빠른 속도로 진전되고 있다. 충분한 보수를 받는 근로자의 수는 계속 줄고 있어 건강보험과 교육, 그리고 군대 유지를 위한 세금 징수가 갈수록 어려워지고 있다. 이것 때문에 부자 국가일수록 더 많은 부채를 떠안고 있다.

올바른 경영 활동을 하는 기업이라면 모두 책임기업이 되는걸까?

이런 회사를 상상해 보자. 짭짤한 수익을 올리고, 직원을 잘 대우하며, 최고 품질의 제품을 만들어 공급하고, 지역사회에도 넉넉히 기부하며, 본사 건물을 환경기준LEED에 맞게 재건축하고, 옥상 정원을 공짜로 제공하는 회사가 있다. 하지만 이 회사가 만들어 판매하는 제품이 지뢰라면 어떻겠는가? 1997년 이후 미국 내에서의 지뢰 제조는 불법이기 때문에 이 같은 가정이 불가능하지만 오프쇼링(해외 위탁생산)을 통해서는 가능할 수도 있다. 지뢰는 대부분 군인 대신 민간인을 다치게 한다는 이유로 158개 국가(미국은 제외)가 국제 교역을 금지했다.

경제 전문 잡지와 월스트리트에서 높은 평가를 받고 있는 기업들 가운데는 우리가 살고 있는 바로 이 땅에서 담배와 초대형 호화 캐딜락 자동차, 럭키 참스Lucky Charms 시리얼, 할로 포인트hollow-point 총알(역자 주: 목표물에 닿으면 탄두가 변형되며 몸속에 박혀 탄의 운동 에너지를 손실 없이 고스란히 전달하고, 탄두가 찢어지면서 납 파편이 흩어져 살상 효과를 극대화한 총알), 내분비 계를 방해할 수 있는 프탈레이트phthalates가 포함된 유아용 장난감, 그리고 납이 함유된 립스틱 등을 만들어 팔고 있다. 일부 기업은 로비스트를 고용하여 회사에 도움이 되지 않는 과학적 사실을 감추거나 선진국에서는 금지된 유해하고 더러운 제품을 개발도상국에 수출한다. 이들 기업은 고객의 요구에 맞춰 제품을 생산하고 판매할 뿐이라고 강변하겠지만 이는 변명에 불과하다. 나쁜 제품을 만들면 책임기업이 될 수 없다.

앞으로 고객과 투자자의 목소리는 자꾸 커지고, 환경 관련 법은 더욱 엄격해지며 자원 부족으로 원자재 가격은 계속 오를 것이다. 따라서 모든 기업은 사회적 책임을 다하는 회사들과 선의의 경쟁을 할 수밖에 없다. 이런 현상이 나타나게 된 이유는 이렇게 하는 것이 옳아서가 아니라 이렇게 해야만 성공할 수 있기 때문이다. 따라서 경쟁에서 이기기 위해서는 적어도 그 경쟁 기업만큼의 사회적 책임을 갖고 있어야만 한다.

35년 전, 두 명의 필자는 한 싸구려 카페에서 함께 점심을 먹었다. 이 카페는 머리를 틀어 올린 여종업원이 길을 따라 늘어서 있는 석유 회사 근로자들에게 비스킷과 치즈 샌드위치를 수십 년 된 접시에 담아주는 그런 곳이었다.

당시 이본 쉬나드의 한 달 급여는 800달러에 불과했으며 빈센트는 영업 관리자로 승진되면서 시간당 3달러씩 받았다. 우리는 이 카페에서 사업에 대한 이야기를 하고 있었다. 직원을 채용하고, 새로운 카탈로그를 만들며, 박람회에 참여해서 제품 전시를 하고, 광고하는 그런 일반적인 내용이었다. 그러다 이본이 빈센트에게 말했다. "내가 만약 경영 전문가들이 말하는 성공 방정식대로 했다면, 벌써 망했을 거야."

우리는 비슷한 시기에 늙은 양복쟁이가 말해 주었던, 옷으로 돈을 버는 방법에 관한 전설을 기억하고 있었다. "재단선을 알려주기 위해 재단용 옷감 위에 펼쳐 놓는 마커라 불리는 종이 패턴을 들어내라. 그 마커를 구기거나 줄여서 다시 그것을 옷감 위에 놓고, 그런 다음 칼질을 해라. 당신이 절약한 그 1퍼센트의 옷감 중 절반이 너의 이윤이다."

이런 이야기는 책임기업이 어떤 일을 해야 하며, 어떤 일을 하지 말아야 할지를 논함에 있어 좋은 기준이 된다. 용어 그 자체는 필수적인 약칭이다. 태생부터 책임기업은 없다. 사업의 건전함을 희생시키지 않으면서도 끊임없이 개선해 나가고, 전략적으로 해를 덜 끼치려고 행동하는 다양한 정도의 차이를 가진 책임 있는 회사만이 존재할 뿐이다.

우리가 이런 활동을 단축할 수 있을까?

과학 저널리스트인 다니엘 골맨Daniel Goleman은 〈이콜로지컬 인텔리전스Ecological Intellignece〉에서 환경 피해를 줄이는 데 있어서 가장 간단하면서도 놀라울 정도로 포괄적인 세 가지 규칙을 제시했다.

"당신이 끼치는 영향을 파악하라. 개선을 장려하라. 배운 것을 공유하라."

이 원칙은 우리 모두에게 적용된다. 큰 회사이건 작은 회사이건, 또이제 시작했건 지금까지 한 일을 계속하건 상관없이 말이다.

MEANINGFUL WORK

4장 의미있는 일이란

MEANINGFUL WORK

누구나 의미 있는 일을 하고 싶어 한다. 하지만 무엇이 일을 의미 있게 만드는가? 의미 있는 일이란 책임기업과 어떤 관계가 있는가?

의미 있는 일의 본질은 자신이 하고 싶은 일 그리고 인간의 삶에 좋은 영향을 주는 것에서 찾을 수 있다. 처음부터 자신이 좋아하는 일이 무엇인지 알고 시작하는 사람은 별로 없다. 사람들은 다양한 시도와 실수 또는 우연 등의 과정을 거치면서 자신을 단련하고 그 분야에서 최고가 된다. 사람들은 각각 잘하는 게 하나씩 있다. 어떤 사람은 능변이고, 어떤 사람은 숫자에 강하며, 또 어떤 사람은 손으로 하는 일이나 야외활동에 정열을 쏟기도 한다.

필자 중 한 명인 이본 쉬나드는 의자에 앉아 컴퓨터 화면을 쳐다보는 것보다는 밖에서 살구를 따거나 정원 가꾸기를 좋아한다. 단조로운 일을 반복적으로 한다고 해서 그 일이 반드시 지루한 것만은 아니다. 온종일 대장간에서 쇠못을 두들기는 일이라 하더라도 그 일을 통해 많은 것을 깨달을 수도 있다. 안나 카레리나Anna Karenina(역자 주: 톨스토이의 소설)에서 귀족 레빈Levin이 소작인들과 함께 반복되는 동작의 리듬에 따라 밀을 수확하며 그들과 함께하는 노동의 환희를 느꼈던 것도 비슷한 사례다. 또 다른 필자 빈센트는 한때 온몸에 진흙을 묻혀가며 포도 농사를 짓고 살았으나, 지금은 키보드 앞에서 대부분의 시간을 보내고 있다.

항상 그런 것은 아니지만 의미 있는 일이란 자신이 좋아하는 일을 다른 사람과 함께 하는 것이 될 수도 있다. 책임기업이라면 직원들이 좋아하는 일을 동료들과 더불어 이뤄나갈 수 있도록 만들어 줘야 한다. 자신이 사랑하는 일을 하는 것은 그 일을 의미 있게 만든다. 그리고 다른 사람들과 함께 옳은 일을 할 때, 일이 의미는 더해진다.

이번 장에서는 파타고니아에서의 경험을 말하고자 한다. 한 기업의 책임 있는 행동이 어떻게 일을 더 의미 있게 만들었으며, 기업 전체가 얼마나 더 스마트하고 민첩하게 바뀌었고, 궁극적으로 기업 성장에 얼마나 기여했는지를 밝힐 것이다.

설립 초기 파타고니아는 자유로운 영혼을 가진 사람들에게 아주 매력적인 직장이었다. 등산이나 서핑 또는 방랑기가 있는 사람들이 몇 달에 한 번씩 벤추라(역자 주: 파타고니아의 본사가 있는 미국 캘리포니아 주의 아름답고 조그만 해변 도시)에 와서는 일자리를 찾곤 했는데, 파타고니아가 이들에게 일할 기회를 제공한 것이다. 물리학 또는 생물학 학위를 갖고 있지만 학문 세계에 적응하지 못하거나 그럴 의지가 없는 사람들에게도 파타고니아는 좋은 기회였다. 20세기 파리나 맨해튼이 예술가들에게 그랬던 것처럼, 파타고니아는 이들 아웃사이더들에게 마음의 안식처를 제공한 셈이다. 산타폴라Santa Paula고등학교의 한 진로상담 교사는 크리스틴 톰킨스Kristine Tompkins의 어머니에게 대학 진학을 위해 더 이상 돈과 시간을 낭비하지 말라고 조언했다. 스스로 학습에 대한 동기가 없었으며 남다른 능력도 없었던 크리스틴은 불과 30대에 파타고니아에서 가장 빠르게 배우고 성장한 CEO가 되었다(중년이 된 그녀는 남편 더그 톰킨스Doug Tompkins와 함께 칠레와 아르헨티나에 걸친 2백만 에이커가 넘는 황폐해진 땅과 주변의 야생 자연을 지키고 복원하는 일을 돕고 있다).

우리는 뛰어난 성과를 올리고 그 성과에 대한 보상을 요구하는 그런 사람이 필요한 게 아니었다. 그 대신에 활기차고 잠시도 쉬지 않고 움직이며 관습에 얽매이지 않는 그런 사람들을 끌어모았다. 이 중에는 직업에 대한 어떤 소명도 갖지 못하거나 간혹 주어진 일을 금방 포기해 버리는 사람이 있었고, 생활비에도 못 미치는 보수를 기꺼이 감수하는 사람도 있었다.

파타고니아 직원들이 직업적 소명의식을 갖게 된 것은 이 작고 변덕스러운 회사에서 업무를 수행하는 과정에서 생겼다. 파타고니아 직원들은 다른 회사 직원들과 같은 일을 하면서도 그들이 생각하지도 못했던 일들을 하나씩 이뤄나갔다. 일개 의류 회사에서 해왔던 일들이 결국에는 지식과 상상력, 그리고 비 인습적이며 반체제적인 사회적 욕구를 끌어내는 것으로 변해가고 있었다.

지금의 파타고니아는 일찍이 직업적 소명을 찾은 사람들을 많이 고용하고 있다. 그중에는 어려서부터 색칠만을 해온 사람, 10살 때부터 직접 디자인하고 바느질하여 옷을 만들어 온 사람, 섬유화학을 전공하여 박사 학위를 받은 사람, 혹은 미술학교를 졸업하고 매일 그림만을 그리며 살아온 사람들이 있다. 그리고 사업 자체를 너무나 좋아하고 즐기는 MBA 출신도 있고, 제대로 된 삶을 살 수 있도록 돕는 분야의 전문가도 있다(파타고니아에는 사업가적 기질을 갖고 혼자 힘으로 일을 처리해 나가는 사람은 많지 않다).

파타고니아는 해당 지역에서 태어나고 자란 사람들, 회사를 집처럼 느끼는 사람들, 좀처럼 회사를 떠나려 하지 않는 사람들, 그리고 지역에서 일하기 가장 좋은 회사라고 생각하는 사람들과 함께하고 있다. 그리고 여성이 일하기 가장 좋은 직장으로 꼽히기도 한다. 반대로 파타고니아에는 벤추라라는 동네에 정을 붙이지 못하거나 가족 때문에 이 동네에 정착하지 못한 사람도 있다. 물론 그들은 조금 먼 지역에서 살며 출퇴근하기도 한다.

많은 사람이 파타고니아를 위해 일하고, 또 파타고니아에서 일하기를 희망한다. 이유는 간단하다. 그들이 생각하고 있는 가치와 회사의 가치가 일치하기 때문이다. 이런 지지 덕분에 사람들은 어려운 상황 속에서도 침착함을 유지하며 회사 내에서 새로운 동기를 찾아 나선다. 예를 들면, 파타고니아 직원들은 원단에서 유해 물질이 발견되자 스스로 나서서 새로운 원단을 찾기 시작했고, 공장에서 나오는 이상한 냄새 때문에 방문객이 불편해하자 환기 시설에 더 많은 투자를 해야 한다고 주장하기도 했으며, 원가 상승이나 품질 저하 없이도 제품 카탈로그의 재활용지 비율을 높이기 위해 공급업체외의 협업을 진행하기도 한다. 올바른 일을 하는 것 자체가 우리를 자극하여 과거 같으면 포기하고 말았을 것들을 새로운 방식으로 접근하여 문제를 해결해 나가는 것이다.

의미 있는 일이란 일을 사랑하는 것뿐 아니라 그 일을 통해 세상에 기여하는 것이다. 이 두 가지가 결합되면 기업은 보편적인 인간의 우수성을 끌어내면서도 큰 사업적 성과를 내는 두 가지 목표를 다 이룰 수 있다.

기업은 인간이 가진 보편적 우수성을 발휘할 수 있도록 동기를 부여함으로써 좀 더 민첩하고 모든 상황에 관심을 보이며 책임감 있는 직원을 길러낼 수 있어야 한다. 과거 경험에 근거하여 할 수 없다고 판단된 일에 대해서도 새로운 시도를 계속해야만 기업 문화가 발전할 수 있다. 이런 기업 문화가 정착되면 그 기업은 어떤 일이든 할 수 있게 된다. 파타고니아는 과거 몇 차례 중요한 경험을 통해 가능성에 대한 우리의 생각을 바꿀 수 있었다. 이런 경험 덕분에 우리는 보다 책임 있는 회사로 성장할 수 있었고, 과거 우리가 해왔던 것들(먹고 살기 위해 옷을 판매하려 해왔던 행동들)을 강조하지 않으면서도 강력한 동기를 갖는 회사가 되었다. 수많은 경험이 차곡차곡 쌓여 왔다. 이 책에서 파타고니아 초기 역사에 대해 밝힐 생각은 없다. 다만, 이런 경험을 통해 책임감과 책임 있게 행동할 수 있는 역량이 어떻게 향상됐는지를 말하고자 한다. 그리고 우리의 경험이 다른 기업에 어떤 영향을 주었는지에 대해서도 밝힐 것이다. 이는 우리의 경험을 축하하려는 것이 아니라 독자 여러분의 회사 업무에 더 유익하고 도움이 될 만한 이야기가 될 것이라 믿기 때문이다.

흔적을 남기지 않는 등반

1972년 쉬나드장비Chouinard Equipment 회사의 연간 매출은 40만 달러에 불과했다. 등산에 대한 대중의 관심이 높아지면서 사람들은 등산로로 몰리기 시작했고, 재사용 가능한 강철 피톤piton(암벽 등반용 쇠못)은 암벽을 해치는 주범이 되었다. 피톤을 박고 빼기 위해 반복적인 망치질을 함으로써 바위의 균열과 변형이 생기기 시작한 것이다. 당시 몇 년 전까지만 해도 자연 그대로의 모습을 간직하고 있던 엘카피탄El Capitan(미국 캘리포니아주 요세미티 국립공원 내 바위산)의 노스Nose 등반 루트를 다녀온 이본 쉬나드는 탐 프로스트Tom Frost(역자 주: 동업자)와 의논하여 피톤 사업의 철수를 결정했다. 이것은 위험 부담이 큰 의사 결정이었다. 피톤 사업은 쉬나드장비의 핵심 사업부문이었기 때문이다. 그러나 도덕적으로나 현실적으로도 변화는 불가피했다. 여전히 많은 등반객이 찾고 있는 아름다운 암벽 등반로가 훼손되는 것을 그저 지켜보고 있을 수만은 없었다. 등반로에서 일어나고 있는 훼손 행위를 근절시키거나 아니면 등반 행위 자체를 금지해야만 했다. 이런 것이 불가능하다면 사업에 미치는 타격을 감수하면서 우리가 나서는 수밖에 없었다.

우리는 대안을 찾기 시작했다. 망치를 사용하지 않고 손으로 밀어 넣거나 제거할 수 있는 알루미늄 쵸크chock가 대안으로 떠올랐다. 헥샌트릭스Hexentrics와 스토퍼Stopper(역자 주: 암벽등반에 피톤 대신 사용하는 대체 장비)가 1972년에 나온 제품 카탈로그에 처음으로 소개되었다.

해당 제품 카탈로그에는 피톤이 미치는 환경적 위험에 대한 한 편의 칼럼이 실렸다. 시에라Sierra 등반가인 도우 로빈슨Doug Robinson의 14쪽짜리 에세이에는 쵸크 사용법이 상세히 설명되었다.

이것에 관한 단어가 하나 있는데, 바로 클린clean이다. 도구의 힘을 최소화하고 순수한 등반가의 힘으로 암벽에 오르는 것을 클린 등반Clean climbing이라 한다. 클린 등반은 단어 뜻 그대로 등반가가 암벽의 깨끗한 원형을 그대로 유지하면서 등반하는 것이다. 클린 등반을 위해서는 망치질로 암벽을 손상해서는 안 되며 다음 등반가가 자연 그대로의 상태에서 등반할 수 있도록 해야 한다. 그리고 등반가가 남길 수 있는 안전장비의 흔적을 최소화하고 암벽의 모습에 변화를 주지 않으면서 등반을 즐기는 것이다. 이를 통해 자연의 일부인 인간이 자연 등반 Organic Climbing에 한 발 더 가까이 갈 수 있다.

새로운 카탈로그를 발송한 지 몇 달 만에 피톤의 매출은 바닥으로 고꾸라진 반면 쵸크는 무서운 속도로 팔려나가기 시작했다. 쉬나드장비 공장 안에는 피톤을 만들어 내는 망치질 소리 대신 쵸크 생산을 위한 드릴 고음이 가득 찼다.

쉬나드장비는 고객에게 문제의 심각성을 인식시키고 이에 대한 해결 방안을 제시함으로써, 고객에게 자연 훼손을 최소화시키면서도 등반을 즐길 수 있는 영감을 주었다. 그리고 문제 제기를 통해 우리 자신도 더 나은 상품을 만들어 낼 수 있다는 자신감을 갖는 계기가 되었다. 피톤보다 가벼워진 쵸크는 안전성도 뛰어났다. 우리가 한 일은 단순히 새로운 상품을 개발하여 판매한 것이 아니다. 우리는 옳다고 생각한 일을 실행에 옮김으로써 더 나은 사업 기회를 얻은 것이다.

벤추라 강과 친구되기

쉬나드장비가 쵸크를 처음 만들었던 무렵, 만일 프랑스에서 이탈리아로 가는 기차에 탄 사람이 있었다면 기차 객실에 있는 이탈리아인들이 점심 식사로 사용했던 음식 포장지나 구겨진 담뱃갑과 와인병을 차장 밖 시골 길에 마구 던져 버리는 모습을 흔히 볼 수 있었을 것이다. 반면 기차가 이탈리아 영토로 들어온 후에는 이들 이탈리아인들이 모든 쓰레기를 꼼꼼히 모아서 휴지통에 버리는 모습을 볼 수도 있었을 것이다. 자기 나라에 쓰레기를 함부로 버리는 사람은 없다.

쉬나드장비는 정반대였다. 우리는 다른 지역의 산과 강에 깊은 관심을 두고 있었으며 이를 보호하기 위한 많은 활동을 계속 벌여온 반면, 회사가 있는 벤추라 지역에 관해서는 관심을 갖지 못했다. 유전 지역에 위치한 작고 오래된 마을 벤추라에는 거리마다 고물상이 즐비했고 유독성 폐기물로 인해 인근 지역의 강은 죽어가고 있었다. 그곳의 자연은 이미 인간에 의해 파괴되었다.

우리는 세계 곳곳에서 벌어지고 있는 일들을 직접 목격했다. 오염과 삼림파괴로 인해 어류와 야생동물은 천천히, 아니 그렇게 느리지도 않은 속도로, 멸종돼가고 있었다. 우리는 주변의 변화를 직접 목격할 수 있었다. 로스앤젤레스에서 시작된 스모그로 천 년 넘게 살아온 세콰이어sequoias 나무가 하나둘씩 쓰러졌고, 바다 사이 작은 웅덩이에 사는 생명체는 서서히 사라져 갔으며, 해변을 따라 걷잡을 수 없는 개발 붐이 일어났다. 그러나 정작 우리 집과 동네에서 일어나고 있는 변화를 우리는 못 보고 있었다.

그래서 우리는 지구 온난화, 열대림의 벌목과 화재, 빠르게 감소하는 지하수와 표층 토양, 산성비, 댐 건설로 인한 퇴적현상으로 파괴되고 있는 강과 만에 대한 책을 읽기 시작했다. 그동안 여행을 통해 직접 보고 냄새 맡으면서 환경 파괴에 대한 인식은 더욱 강화되었고, 환경을 지키기 위한 힘겨운 싸움이 투철한 사명감을 가진 아주 적은 수의 사람들에 의해 이뤄지고 있음을 알게 되었다. 이들은 손바닥만한 땅과 아주 작은 물줄기라도 이를 지킬 수만 있다면 무슨 일이든 했다. 그리고 상당한 성과를 거두기도 했다.

당시 우리는 시 의회를 찾아가 마을 절벽 보호를 위한 대책을 논의했다. 그때만 해도 우리는 벤추라 강이 무지개 송어의 서식지였다는 사실을 몰랐다. 1940년대 두 개의 댐이 건설되면서 강물은 우회하게 되었고, 겨울비가 내리는 기간을 제외하면 강 하구로 흘러들어오는 유일한 물은 하수 처리 공장에서 나오는 것뿐이었다. 시 의회와 논의하는 과정에서 전문가들은 강이 이제 더 이상 제 기능을 하지 못하고 있으며 강 하구로 물이 흐를 수 있는 공사를 하더라도 남아 있는 새와 자연, 그리고 레저 등 그 어떤 것에도 긍정적인 영향을 줄 수 없다고 증언했다.

그때 25세의 생물학도 마크 카펠리Mark Capelli가 수줍은 듯 일어나 강을 따라 찍은 사진을 슬라이드 쇼로 보여줬다. 사진에는 버드나무에 사는 새, 사향쥐, 그리고 강어귀에 알을 낳는 뱀장어들이 있었다. 그가 49장의 무지개송어와 새끼연어의 사진을 보여줬을 때, 우리는 모두 일어나 박수를 쳤다. 그렇다. 50마리 정도의 무지개송어가 죽은 강에서도 여전히 알을 낳고 있었다.

개발 계획은 취소되었고 파타고니아는 마크에게 사무실과 우편함을 제공하여 강 보호 활동을 계속 할 수 있게 했다. 강에 대한 연이은 개발 계획은 속속 취소되었고 벤추라 강을 보호하려는 지지자들이 모이기 시작했으며 강물은 깨끗해지고 있었다. 강물의 흐름도 좋아졌고 야생 동물의 수도 늘어났다. 무지개송어는 더 많은 알을 낳았다.

마크는 우리에게 세 가지 중요한 교훈을 주었다. 첫째, 풀뿌리 운동이 변화를 일으킨다는 것. 둘째, 이미 굳어진 관습의 벽이 아무리 높아도 노력을 통해 무엇이든 이룰 수 있다는 것. 셋째, 자연은 멀리 떨어진 침묵의 공간이 아니라는 사실이었다. 자연은 저 멀리 황무지에만 있는 것이 아니다. 우리가 살고 있는 곳 바로 옆에도 존재하며 유전 개발로 이미 황폐해진 마을에도 있었다. 우리는 자연이 더 잘 살수 있는 공간을 제공해야만 한다. 우리는 그렇게 할 책임이 있다.

회사에서 뛰노는 아이들

1970년대 초반 쉬나드장비의 공동소유자 중 한 명인 도렌 프로스트Doren Frost는 그녀의 딸 마나Marna를 회사에 데리고 나와 일하곤 했다. 이본 쉬나드의 아들 플레쳐Fletcher가 태어난 후, 맬린다Malinda(역자 주: 쉬나드의 부인) 역시 아들을 회사에 데리고 나와 일했다. 이렇게 하면 일반 직원들도 자연스럽게 아이들을 회사에 데려 올 수 있을 것으로 생각했기 때문이다. 1980년대 초반에 이르러서는, 아이용 담요가 회사

컴퓨터 모니터에 걸려 있었고 사무실 복도와 바닥 곳곳에는 아이들 장난감이 여기저기 흩어져 있었다. 물론 복도에서 자지러지게 울고 있는 아이도 쉽게 볼 수 있었다.

이런 것들이 일에 방해된다고 생각한 직원들은 아이를 돌보는 서비스가 필요함을 느꼈고 그 대책을 논의하기 시작했다. 당시 직장에서 보육 서비스를 제공하는 것은 매우 드물었지만, 우리는 이런 논의가 진보적이라는 생각조차 하지 못했다. 회사에 나오는 엄마들의 욕구는 간단했다. 그저 아이들과 가까이에 있으면서 필요할 때 모유를 먹이고 졸리면 재울 수 있기를 원했을 뿐이다.

하지만 당시 이 책의 공동필자인 빈센트 스탠리를 포함하여, 대부분의 남자 직원, 아이가 없는 여자 직원, 그리고 CEO까지도 엄마를 위한 보육원 운영에 투자하는 것을 탐탁하게 생각하지 않았다. 그럼에도 맬린다는 포기하지 않았다. 그녀는 직장 내 모든 엄마의 지지를 등에 업고 보육 시설 지원을 끊임없이 요청했으며 결국 얻어냈다. 아이들을 곁에 둘 수 있게 되자 엄마들의 생산성은 눈에 띄게 높아졌다.

아이들이 회사 마당에서 뛰어노는 모습과 소리를 보고 들으면서 엄마들은 회사를 보다 인간적인 공간으로 느끼기 시작했으며, 회사 내 아이들의 존재로 인해 직원들은 회사 구성원으로서의 책임 못지않게 아이들을 돌보는 본능적인 책임도 중요함을 알게 되었다. 또한, 보육원의 운영과 부모 모두에게 제공되는 출산 휴가와 탄력시간 근무제 등으로 여성 근로자들의 성과가 크게 높아졌다. 게다가 20년 넘게 보육원을 운영해 온 아니타 퍼토Anita Furtaw는 보육 박사가 되었다. 그래서 아이를 처음 가진 거의 모든 신혼부부는 보육원에서 제공되는 서비스와 그녀의 조언을 항상 고맙게 여겼다. 아이들은 잘 자라줬고, 우리는 파타고니아가 만들고 있는 옷만큼이나 이런 사실을 자랑스럽게 생각하고 있다.

회사에 보육원을 설치한 것은 결국 사업적으로도 훌륭한 의사결정이었음이 증명됐다. 캘리포니아 주에서 보육원을 운영한 최초의 회사라는 이미지 덕분에, 파타고니아는 탄력시간 근무제나 직무 분담제 등과 같이 다른 기업들은 엄두조차 못 내거나 아주 일부 기업만이 운영하던 제도들을 좀 더 쉽게 도입할 수 있었다. 파타고니아는 다른 기업에 비해 이직률이 매우 낮은 편이지만, 특히 취학 연령대 자식을 가진 부모의 경우 이직률은 더 낮았다.

아이의 존재를 인정하고 보육원을 운영함으로써 우리는 소중한 것을 잃지 않으면서도 회사를 사랑할 수 있다는 사실을 깨닫게 되었다. 파타고니아는 신규 직원의 채용과 교육에 평균 5만 달러의 비용을 쓴다. 진짜 돈을 벌고 싶다면 직원들이 즐거운 마음으로 일에 몰입할 수 있게 만들어야 한다. 이것만큼 좋은 방법은 없다.

자연이 주는 선물

마크 카펠리Mark Capelli는 훼손 지역을 보호하기 위해 우리가 해야 할 일을 알려줬다. 우리 모두는 주변의 땅과 호수, 그리고 바다를 지키고 복구해야 했다. 그것이 우리가 해야 할 일이었다. 돈은 없지만 열정에 가득 찬 작은 환경 단체들이 바로 이런 일들을 하고 있었다.

우리는 마크에게 우편함과 약간의 현금을 지원했던 것처럼, 우리 서식지를 지키고 회복하기 위해 노력하고 있는 사람들에게 작은 기부를 시작함으로써 그들에게 긍정적 영향을 줄 수 있었다. 파타고니아는 작은 환경 단체에 정기적으로 1천 달러에서 5천 달러씩 기부하기 시작했다. 우리는 직원이 많고 간접비 지출이 크며 이미 대기업과 연계된 그런 비정부기구NGO보다는 회사와의 연결 고리가 전혀 없는 작은 단체들을 대상으로 기부를 시작했다.

1986년 파타고니아는 이익의 10퍼센트를 기부하기로 약속했다. 두 가지 이유 때문이었다. 첫째는 그냥 돕고 싶어서였고, 둘째는 기부금을 기업 활동으로 인해 어쩔수 없이 발생되는 부정적인 영향에 대한 세금으로 생각한 것이다. 우리는 이것을 기부라고 생각하지 않았다. 이것은 비용이다. 그 후 우리는 연 매출 1퍼센트 혹은 이익의 10퍼센트 중 많은 금액을 내는 것으로 정책을 바꿨다.

그리고 파타고니아는 2년마다 '풀뿌리 운동가를 위한 도구Tools for Grassroots Activists'라는 포럼을 개최하여 우리와 함께 일하고 있는 환경 단체 직원들 가운데 75명을 선발하여, 이들에게 마케팅과 홍보를 통해 영향력을 확산시킬 수 있는 교육을 해왔다. 항상 최고 수준의 강사들이 열정적으로 강의했으며, 우리는 모든 참여자의 헌신과 지식에 큰 감동을 받곤 했다.

파타고니아에서 환경 기부금은 이미 하나의 문화로 자리 잡았다. 직원으로 구성된 기부위원회가 기부금을 받게 될 단체와 그 액수를 결정한다. 그리고 직원들을 대상으로 하는 '환경 인턴십프로그램'을 운영하기도 한다. 직원들은 각종 환경단체에 참여하여 풀 타임으로 최대 6주까지 해당 단체와 작은 프로젝트들을 진행할 수 있다.

2002년 이본 쉬나드와 블루리본플라이Blue Ribbon Flies의 대표인 크레이그 매튜Craig Mathews는 '지구를 위한 1퍼센트' 프로그램을 만들어, 연간 매출의 1퍼센트 이상을 환경 기금으로 기부하겠다는 기업들을 모으기 시작했다. 현재 지구를 위한 1퍼센트에는 약 1500개의 회원사(주로 40개국의 중소기업들로 구성)가 참여하고 있으며 매년 2500개 이상의 비영리 단체에 기부 활동을 하고 있다.

지구를 위한 1퍼센트에 가입하는 것은 사업적으로도 큰 도움이 되었다. 기부활동에 동참한 기업 중 5분의 4는 2008년에서 2009년까지의 금융위기 중에도 매출이 크게 늘었던 것으로 밝혀진 것이다. 경기가 나쁠수록 소비자들은 일반적인 기업과의 거래를 줄이면서, 존경하거나 신뢰할 수 있는 기업과의 거래를 늘린다는 것이 증명된 셈이다.

파타고니아는 카탈로그에서 환경에 대한 대중의 경각심을 일깨운 후, 다시 웹사이트를 통해 1년 또는 3년 단위의 환경 캠페인을 벌이며 환경 문제에 대한 소비자 인식을 바꿔 나가기 시작했다. 우리는 요새미티국립공원Yosemite National Park을 위한 종합계획을 만들어 자동차 이용을 줄이면서도 보다 실용적으로 관리하는 방법을 제시했다.

그리고 유전자 변형 식품의 도입을 반대하는 캠페인, 야생 연어 생존 캠페인, 노동과 환경 기준을 악화시키는 북미자유무역협정NAFTA 반대 캠페인 등을 벌여 왔다. 우리는 또한 오래된 댐을 철거하여 산란지로 회기 하는 어류의 흐름을 원활하게 만드는 일을 하며 사람들에게 자연과 환경의 피해와 그 대책을 적극적으로 알리기 시작했다. 점점 더 악화돼가고 있는 바다의 상황, 야생동물을 위한 이동 통로의 필요성, 지하수가 말라가고 강물의 흐름이 끊기면서 바다로의 물 유입이 줄어들어 신선한 물은 점점 더 부족해지고 있다는 사실 등을 꾸준히 알려 왔다.

우리 집부터 제대로

자연을 해치는 적과의 싸움에서 우리는 어느 정도 자신감을 갖게 되었고 그동안 간과해왔던 적이 누구였는지 분명히 인지할 수 있게 되었다. 부분적으로만 봐 왔던 그 적은 바로 우리 자신이었다. 1980년대 말, 우리는 지구를 오염시키고 자원을 낭비하는 주체가 바로 기업임을 알았다. 우리는 비행기를 타고 출장을 다니면서, 엄청난 양의 제품 카탈로그를 인쇄하면서, 판매 매장을 열기 위해 멀쩡한 건물을 리모델링 하면서, 자연에게 온갖 나쁜 짓을 해 온 것이다. 하지만 우리가 의류 생산자로서 일으켰던 문제에 대해서는 그동안 알지 못했다.

대부분의 생산은 공급 협력회사를 통해 이뤄져 왔고, 우리는 협력회사의 생산 방식까지 바꿀 수 없다고 판단했기 때문이다.

그때까지만 해도 우리는 의류 재료를 공급하는 기업에 기능성 향상을 위한 소재 개발을 계속 요청했었다. 하지만 우리는 그들에게 재활용 소재의 사용을 적극적으로 요구하거나, 염색 공장에서의 오염수에 대한 배출 기준을 강화하거나, 봉제 공장의 근무 환경에 대한 면밀한 검토를 요청하지는 않았던 것이다.

우리는 직접 통제할 수 있는 것만이라도 하나씩 바꿔나가기 시작했다. 모든 카탈로그를 재생용지로 만들고 새로운 매장이나 리모델링 공사를 할 때는 친환경 페인트와 재활용 벽면 소재, 에너지 절약형 전등을 사용했다. 1996년 리노Reno(역자 주: 미국 네바다 주 서부의 도시)에 위치한 파타고니아 물류센터는 태양 전기와 복사열을 활용하여 에너지를 60퍼센트에서 54퍼센트까지 절약할 수 있었다. 재활용 소재는 건물의 철근에서부터 카펫, 그리고 화장실 칸막이에 이르기까지 모든 분야에서 사용되었다. 그 이듬해 우리는 벤추라Ventura의 미르츠 코티지 카페Myrt's Cottage Café를 개조하여 3층 건물을 짓기 시작했는데, 원래 건물의 95퍼센트 가량을 재활용하는 프로젝트였다. 2006년까지 우리는 재활용과 관련한 숙련된 경험을 쌓을 수 있었고, 리노 물류센터의 성공적인 확장을 통해 LEED 인증을 획득했다. 리노 물류센터 확장 프로젝트에 참여한 건설회사도 이런 경험이 처음이었으며 리노 지역 전체를 통틀어서도 이런 공사 기법이 처음이었다.

1988년까지 우리는 파타고니아를 책임기업으로 만들기 위해 많은 노력을 기울여 왔지만 기본적인 의류 생산과 판매 방식에서는 큰 변화가 없었다.

보스턴에 새로운 판매점을 열고 며칠 지나지 않아 두통을 호소하는 직원들이 생기기 시작했다. 매장 내 공기 오염도를 측정한 결과, 환기 시스템의 결함으로 포름알데히드formaldehyde가 제대로 배출되지 않았고 이로 인해 매장 직원들의 건강이 나빠지게 된 것이었다. 일반적으로 이 같은 문제가 생겼을 때 가장 먼저 하는 것은 환기시스템의 검토이다. 하지만 우리는 포름알데히드의 출처가 궁금했다. 포름알데히드는 생물학 수업 시간에 봐왔던 것으로, 동물의 심장을 보존하기 위해 유리병 안에 들어있던 물질이었다. 출처를 확인해 보니 포름알데히드는 면 옷의 수축과 주름을 방지하기 위해 공장에서 마무리 단계에 사용되었던 것으로 밝혀졌다.

그때까지 우리는 의류를 책임 있게 만드는 방법을 몰랐던 것이다. 우리가 하는 사업이 사람들의 삶을 안전하게 보호하지 못하고 있음을 알게 되었다.

우리는 포름알데히드 연구를 시작했고 포름알데히드가 코, 비강, 또는 목에서 암을 일으킬 수 있다는 사실을 발견했다. 옷의 수축과 주름을 막으면서도 포름알데히드의 사용을 최소화하거나 아니면 아예 사용하지 않는 방법을 찾아야만 했다. 우리는 고품질의 장섬유long-staple 면화를 사용하면서 가공 방법을 바꿨다. 약간의 추가 비용이 발생하기는 했지만 품질을 유지하면서도 제조와 판매에 종사하는 사람들에게 해를 입히지 않는 것이 중요했다. 바지 다리는 것과 화학물질을 이용한 드라이클리닝을 좋아하는 사람은 세상에 없기 때문이다.

파타고니아의 경영방식이 다른 의류회사와 크게 다른 것은 아니었다. 우리는 질감과 내구성을 바탕으로 면직물을 선택했고 봉제 공장에 샘플을 보냈다. 봉제 공장은 현물가격에 따라 원면을 공급하는 여러 나라의 중개상들로부터 원면을 공급받았을 것이다. 우리는 면이 어디서 조달되었는지 그리고 어떻게 제품이 마무리되었는지 전혀 관심 없었다.

1991년 우리는 마침내 제품에 사용되는 가장 일반적인 4가지 섬유 (면, 폴리에스터, 나일론, 울)가 환경에 미치는 영향을 평가하기 위해 연구를 의뢰했다. 그때까지만 해도 우리가 흔히 사용하는 면이 환경에 얼마나 나쁜 영향을 주었는지 모르고 있었다. 면이 나일론 보다 더 천연적이지 않다는 사실을 알게 된 것이다. 끔찍한 일이었다. 면섬유를 만드는 목화 재배를 위해서는 유기인제organophosphates를 뿌려 땅속과 그 위에 사는 모든 생물을 죽여야만 했다. 유기인제는 인간의 중추 신경계에 손상을 줄 수 있는 것으로 알려졌다. 한번 처리될 때마다 토양은 완전히 죽는다(농약을 사용하지 않고 5년이 지나야만 지렁이가 살 수 있는 건강한 토양으로 회복될 수 있다). 이미 죽어버린 토양에 목화를 다시 심으려면 엄청난 양의 인공비료를 사용해야 한다. 목화밭 위로 흘러내린 빗물은 오션 데드존(죽음의 바다 - 바닷물 속에 산소 농도가 부족하여 어떤 생명체도 살 수 없는 상태)을 더욱 넓힌다. 경작되고 있는 토지의 2.5퍼센트에 불과한 목화밭은 전체 농업에 사용되고 있는 화학살충제의 15퍼센트와 농약의 10퍼센트를 머금고 있다. 이렇게 토지로 흡수된 화학물질이 해충에게 도달하여 영향을 주는 양은 0.1퍼센트에 불과하다.

당시 10여 년 전에 도입된 유전자 변형 BT 목화는 잎을 먹어 치우는 목화다래벌레bollworm의 활동을 억제함으로써 살충제의 사용을 줄일 수 있었다. 그러나 2000년대 초반, BT 목화를 대량으로 재배한 중국은 몇 차례의 수확을 거치면서 이에 적응한 다른 풀 벌레와 해충의 번식으로 또다시 다량의 살충제를 사용할 수밖에 없었다.

목화밭은 매년 1억 6500만 톤의 온실가스를 배출한다. 목화밭에 가면 엄청난 악취가 코를 찌르고 알 수 없는 화학물질 때문에 눈이 아프며 속이 메스꺼워진다. 캘리포니아와 같이 서리가 내리지 않는 지역에서는, 수확기 이전에 비행기로 목화밭 전체에 고엽제인 파라콰트paraquat를 살포한다. 하지만 이 고엽제는 절반만이 목화밭에 뿌려지고 나머지 절반은 이웃 밭이나 하천, 혹은 강으로 유입된다.

이런 것들이 꼭 필요치는 않다. 제2차 세계대전 이전에는 이런 방식으로 목화를 키우는 사람이 아무도 없었다. 현재 농업에서 사용되고 있는 화학물질 대부분은 전쟁을 위한 신경가스로 먼저 개발된 것들이다.

우리가 대안을 찾기 시작하였을 때, 캘리포니아와 텍사스의 몇몇 농가에서는 유기농 목화 재배가 가능했었다. 우리는 실험을 했다. 그리고 처음으로 유기농 목화로 만든 티셔츠를 생산할 수 있었다. 그리고 나서 산 조아킨 벨리San Joaquin Vally를 몇 차례 방문했었는데 그곳 목화밭에서는 셀렌Selenium 연못에서나 맡을 수 있는 지독한 냄새가 났고 달 표면과 같은 땅이 곳곳에 보였다. 이 대목에서 우리는 중요한 질문을 던졌다. 이렇게 지구를 초토화하는 방식으로 언제까지 옷을 만들 수 있을 것인가? 1994년 가을, 파타고니아는 큰 결정을 내렸다. 2년 내로 100퍼센트 유기농 목화를 이용하여 파타고니아의 모든 스포츠웨어를 생산하기로 한 것이다.

18개월 동안 66개의 의류 소재를 유기농 목화로 전환했고 1년도 채 안 되어 유기농 목화 제품 라인업을 갖추게 되었다. 섬유 중개인을 통해 상업적으로 구매 가능한 유기농 목화의 양은 충분치 않았다. 그래서 우리는 유기농법으로 목화를 재배하는 소수의 농부와 직거래를 해야 했다. 우리는 인증기관과 상의하여 모든 섬유를 역추적할 수 있게 만들었다. 그리고 조면회사와 방적회사를 설득하여 아주 적은 양의 작업을 하더라도 작업 전후 반드시 설비를 청소하도록 했다. 그러나 방적회사는 유기농 목화의 사용을 반대했다. 그 이유는 진딧물로 인해 끈끈한 잎과 줄기가 기계에 잔뜩 들러붙기 때문이었다. 하지만 우리는 태국의 한 창의적인 협력회사의 도움으로 이 문제를 해결할 수 있었다. 이 회사는 방적 작업 전에 면화를 냉동시키는 방법으로 이 문제를 해결한 것이다.

협력회사의 열린 사고와 지혜 덕분에 우리는 성공할 수 있었다. 1996년 이후 모든 파타고니아의 면 소재 의류는 유기농으로 재배된 목화를 소재로 생산되었다. 목화 성공담은 유통 전 과정에서 파타고니아의 브랜드에 대해 우리가 어떤 책임을 져야 하는지 알려주는 계기가 되었다.

또한, 우리는 품질평가 과정에서 석유 소재의 폴리에스터를 재활용할 경우 신규 채굴한 석유를 정제하여 만드는 것보다 지구에 덜 해롭다는 사실도 알게 되었다. 우리는 25개의 PET 음료수병을 녹여 섬유를 추출해 양모 재킷을 만드는 기술을 개발했다. 나중에는 수명을 다한 폴리에스터 의류를 녹여서 그로부터 섬유를 추출하는, 폴리에스터 섬유 제조를 위한 가장 효율적인 방법도 개발하게 되었다.

그 후, 우리는 섬유가 물에 어떻게 작용하는지도 알 수 있었다. 지금은 구글어스 위성 이미지를 이용해 남중국해South China Sea로 흐르는 주장珠江 강의 오염상태를 직접 볼 수 있다. 남중국해로 흘러드는 남색 빛은 싱탕Xingtang현 상류에 있는 세계 주요 브랜드의 청바지 공장에서 흘러나온 오염물질들이다.

섬유 산업은 지구 상에서 가장 화학 집약적인 산업 중 하나이고 농업 다음으로 담수 오염에 큰 영향을 준다. 세계은행은 약 20퍼센트의 공업용수 오염이 섬유 염색과 처리 과정에서 발생하는 것으로 추산하고 있다. 또한, 섬유공장의 배출수에서 72종류의 유독성 화학물질이 발견되기도 했다. 이러한 염색 물질들이 적절하게 통제되지 않을 경우 직원들의 건강은 큰 위험에 노출된다. 섬유 산업 또한 석탄이나 나무를 동력으로 하여 공장을 돌리고 있으며 염색과 마무리 과정에서 엄청난 양의 물을 사용한다.

종종 처리되지 않거나 부분적으로 처리된 폐수가 강으로 유입되어 강물의 온도와 페하 수치를 높이며 강에 염료와 마감 물질, 고착제 등을 잔뜩 풀어놓는다. 결국 염제와 금속물이 잔여물로 남게 되고 그 잔여물은 물고기 내장 속으로 침투되거나 농경지로 유입되어 땅을 황폐하게 한다.

2010년에는 중국과 인도에 있는 많은 섬유공장이 환경오염과 관련된 법 규정 위반으로 문을 닫았다. 인도의 주 정부는 환경법을 위반한 700여 섬유공장에게 관련 법규를 지킬 때까지 전력공급을 중단하라는 명령을 하기도 했다.

우리는 폴로셔츠 한 벌을 만드는 데 필요한 물의 양이 하루 동안 900명에게 식수를 제공하는 양과 같다는 사실과 앞으로 15년 후면 전 세계 인구의 3분의 1에서 절반에 이르는 사람이 가뭄으로 황폐해진 지역에서 살 수밖에 없다는 사실을 알았다.

깨끗한 물에 대한 위기설이 나오기 시작한 지는 이미 10년이 넘었다. 그러나 파타고니아는 최근 들어서야 제품 생산에 사용된 모든 폐수를 완벽하게 처리한 후 강물로 내보내는 공정을 구체화했다. 최신식 염료기법과 후가공 기계 개발을 염원했던 두 명의 베테랑 기술자

미셸 모저Michel Morger과 토마스 슈리에더Thomas Schrieder는 로스앤젤레스 인근에 있는 산업 중심지에서 이 미션을 완성했다.

이들이 운영하는 회사인 스위스텍스 캘리포니아Swisstex California는 공장 크기와 상관없이 모든 주문을 빠르게 처리할 수 있는 시스템을 갖추었다. 컴퓨터로 설비 작동에 꼭 필요한 만큼의 물을 공급함으로써 물 사용량을 최소화한다. 스위스텍스는 일반적인 염색공장이 사용하는 물의 절반만을 이용한다. 최신식 폐수열복구시스템은 유입되는 차가운 물 예열을 위해 폐수 에너지로 이용된다. 그리고 그 차가운 물은 계속 순환한다.

모든 작업은 자동화되었고 염색 관련 기계들 또한 자동화를 통해 작업 시간과 발생 가능한 오류를 줄여나갔다. 당연히 작업 성과도 높아졌다. 그동안에는 염색된 직물의 약 10퍼센트 정도가 잘못된 염색으로 버려졌으며 10에서 20퍼센트는 재 염색을 하는 결과로 이어지곤 했다. 사업에서 품질이 떨어지는 것에 대한 대가는 잔인하다. 낮은 품질의 제품은 폐기되고 재 작업으로 인해 원가는 높아지고 이익은 줄어들기 때문이다. 스위스텍스에게 돈을 좀 더 지급한다고 해서 파타고니아에게 큰 손해가 되지는 않았다.

발자국 연대기

파타고니아는 지난 2005년까지만 해도 사회책임보고서CSR를 발행하지 못했다. 당시 상장된 중견 기업이나 대기업은 대부분 이 보고서를 정기적으로 발행해 왔으며 비정부기관NGO, 시민단체, 언론은 이 보고서를 활용하여 기업의 사회적 책임 활동을 분석했다. 처음에 파타고니아는 사회적·환경적 책임에 관해 아주 모호하고 일반적인 내용의 보고서를 발행했을 뿐이며, 이 보고서를 통해서는 파타고니아가 아프리카 니제르 델타Neger Delta 지역을 얼마나 파괴했는지 알 수 없었다. 다만 환경과 사회에 대한 회사의 책임을 얼마나 잘 수행하고 있는지를 얘기할 뿐이었다.

우리는 어떻게 하면 좀 더 투명하고 설득력 있게 우리의 사업 활동을 알릴 수 있을지 고민했다. 심지어 우리의 약점과 부족한 점까지도 보고서에 담고자 했다. 전형적인 보고서에 관심 없어 하는 사람들은 물론 고객까지도 사로잡을 수 있는 그런 보고서를 만들고 싶었다.

그래서 이들 모두와 쉽게 소통할 수 있는 미니 웹사이트 형태의 발자국 연대기Footprint Chronicles를 개발했다. 처음에는 다섯 개의 파타고니아 제품에 대해 디자인에서부터 섬유의 생산과 수입, 직조weaving 또는 편물knitting 작업, 염색과 봉제 작업을 거쳐 물류창고에 배달되기까지 전 과정을 추적했다. 다섯 개 상품별로 원재료에서부터 창고에 입고될 때까지의 탄소배출량과 에너지 사용량, 그리고 쓰레기 배출량을 계산했다. 우리는 이 정보를 발자국 연대기 사이트뿐 아니라 온라인 상품판매 페이지에도 올렸다.

이 작업은 상품개발 부서 직원들의 헌신으로 가능했으며 이 활동은 큰 의미가 있었다. 파타고니아는 사회책임 부서의 규모를 의도적으로 작게 만들어 운영했다. 환경에 대한 책임은 특정 부서가 아닌 모두에 있음을 인지시키고 모든 직원의 업무에 그 책임을 갖게 만들고 싶었기 때문이다. 사회책임 부서가 품질관리부 혹은 구매부 등과 비생산적인 관료적 관계를 맺거나, 환경적 고려를 부서 업무에 이어 2차적 우선순위로 떨어지게 하는 것도 싫었다. 그렇게 되면 누군가가 다시 환경 문제를 처리하기 위해 나서야만 하기 때문이다. 회사 내 어느 곳에서도 환경을 보호하고자 하는 사람들이 환영받고 좋은 평판을 유지할 수 있게 하는 것이 우리 목표였다.

사회책임 부서의 규모가 작아서 생겼던 가장 큰 문제는 수많은 제품의 수명주기분석life cycle analysis: LCA을 완벽하게 할 수 없다는 것이었다. 지금까지 파타고니아는 전체 제품의 20퍼센트에 해당하는 약 150개 제품에 대한 수명주기분석을 완료했으며 그 결과를 온라인에 올렸다. 판매량으로 보면 약 80퍼센트에 해당한다. 앞으로 아웃도어산업협회와 지속가능의류연합의 환경 관련 지수 개발이 완성되면, 파타고니아는 이를 바탕으로 한 새로운 방법론을 채택할 것이다. 이제 5년 이내에 모든 고객은 스마트폰으로 QR 코드를 찍어 파타고니아 전 제품의 환경적·사회적 영향을 확인할 수 있게 된다.

발자국 연대기의 기본 개념은 파타고니아의 전체 기업 활동과 사업 관행을 관리하는 것이다. 내부 직원뿐 아니라 파타고니아 제품 생산에 관련된 농장, 직조공장, 염색공장, 생산공장 등에서 일하고 있는 모든 사람을 염두에 두고 있다. 파타고니아에는 500여 명의 직원이 디자인, 품질 검사, 영업, 마케팅, 유통 등의 분야에서 일한다. 그리고 파타고니아와 관련된 협력회사를 포함하면 우리는 약 1만 명 이상의 사람들과 함께 일하고 있다. 우리는 사업 관행에 대해 좀 더 깊게 알아야만 했다. 옷 한 벌을 만들 때, 의도적이지 않은 결과로 환경과 사회에 나쁜 영향을 줄 수 있다는 사실을 당당하게 밝힐 시기가 된 것이다. 이렇게 하면 의류 산업 전체에 퍼져 있는 나쁜 행동들이 점차 줄어늘 것으로 확신했다.

하노이 인근의 맥스포트Maxport 공장에서는 파타고니아의 고기능성 아웃도어 제품이 생산되고 있다. 이 공장은 급여 수준도 높고 공장 관리 시스템도 잘 되어 평판이 좋다. 이 공장의 소유주 제프 스톡스Jef Stokes는 "고객은 자신이 구매하는 제품이 12살짜리 어린 소녀가 한 끼 식사를 위해 온종일 바느질해서 만든 옷인지 아닌지를 알 권리가 있다"고 말했다. 실제로 고객은 파타고니아 제품이 적절한 근무환경에서 공정한 대우와 합법적 임금을 받는 직원에 의해 만들어진 것인지 알 권리가 있다. 그리고 청바지가 염색공정에서 주장珠江 강을 오염시키지는 않았는지, 목화가 유기농으로 생산된 것이지 아니면 화학살충제를 써서 생산된 것인지, 생산용수가 빗물을 모아 활용된 것인지 아니면 산림파괴의 주범인 댐에서 끌어온 것인지를 알 권리가 있다.

파타고니아는 이제, 쉬나드장비가 초창기 그랬던 것처럼, 마을 공동체가 필요로 하는 것들을 뒷마당에서 뚝딱거리며 만들어 판매하는 그런 회사가 아니다. 파타고니아 옷을 만드는 사람들은 대부분 가난하고 유색의 피부이며 여성인 경우가 많다. 그들은 일렬로 길게 늘어서 있는 기계 앞에서 시간제로 일한다. 우리 제품을 만들기 위해 바느질을 하고 파타고니아에서 일하지 않는 시간에는 다른 회사에서 일하기도 한다. 우리가 지급하는 임금은 다른 공장에서의 임금 교섭에도 영향을 준다.

파타고니아는 이들에게 어떤 빚이 있는가?

산업혁명 이후 지금까지 계속 그랬던 것처럼, 농장과 공장 근로자 임금은 낮은 편이었다. 지난 2세기 동안, 농경사회에서 산업사회로 전환하는 과정에서 원단공장과 봉제공장과 같은 낮은 수준의 일자리만이 사람들에게 제공됐다. 어떤 지역에서 임금이 오르면 사람들은 그 지역으로 대거 이동한다. 그러면 순간적으로 사람이 빠져버린 공장은 새로운 시골 지역을 찾아가 정기적인 월급을 제공한다는 명목을 내세워 농부들을 공장으로 끌어들인다.

40년 전에 의류사업을 시작했을 때, 고품질 스포츠의류 기업들은 이미 생산시설을 미국에서 그 당시 영국이 지배하고 있던 홍콩으로 옮긴 상황이었다. 시간이 지나면서 스포츠의류의 생산 중심지는 홍콩에서 중국으로, 다시 중국 연안에서 내륙으로 이동하게 되었고, 마침내 베트남과 태국으로까지 옮겨가고 있다. 봉제공장이 처음 시골에 진출할 때는 농장에서 일하던 젊은 여성들을 고용하여 기숙사 생활을 하게 했다. 그들은 몇 년 동안 열심히 일해 결혼 지참금을 벌어 집으로 돌아갈 수 있었다. 그러는 동안 그 마을의 경제 상황은 공장으로 인해 더욱 좋아졌고 기숙사는 더 이상 필요하지 않게 된다.

노동과 주거를 결합한 이러한 형태는 1830년대 미국에서 시작되었다. 처음 매사추세츠 주의 로웰Lowell과 로렌스Lawrence 지역에 대형 노동-주거 결합형 원단공장이 생기자 이 지역 농부들은 공장에서 일하는 것이 농사일보다 못하다고 생각했지만 딸을 공장에 보내는 것만은 허락했다. 공장으로 간 딸들은 일 년 계약을 하고 한 집에 25명씩, 한 방에 6명씩 먹고 자며 생활했다.

영국에서 온 찰스 디킨스Charles Dickens는 이런 형태의 공장을 방문하여 기숙사 거실에 놓여 있는 피아노와 공장 직원들이 만든 문예지를 언급하면서 이들을 칭송하기도 했다. 지금의 기준으로 보면 생활 여건이 잔인할 정도다. 여성 근로자들은 방적사의 습도를 유지하기 위하여 사방이 밀폐된 실내에서 아침 7시에서 저녁 7시까지 12시간씩 일했다. 공기 중에 떠다니는 면화 보푸라기는 폐로 유입되었고 조악한 직조기가 내는 공장 내 소음은 엄청났다.

공장이 들어서면서 뉴잉글랜드 지역이 서서히 발전하자 기숙사도 하나둘씩 문을 닫았다. 19세기 말 공장 노동력의 중심은 시골 여성에게서 이민자에게로 옮겨갔다. 필자의 가족 역시 이민 역사의 한 부분이다. 그들은 퀘벡에 있는 농장을 팔고 앤드로스코긴Androscoggin River 강을 따라 위치한 면화직조공장과 방모공장에서 일하기 위해 남쪽으로 이주했다. (역자주: 앤드로스코긴Androscoggin 강 뉴햄프셔주 에롤Errol에서 발원하여 메인주를 거쳐 대서양으로 흘러들어 가는 강. 유역의 직물공장, 제지공장 등으로 인해 심각한 환경오염문제가 발생하여 수질정화법 제정에 결정적인 원인으로 작용하였다. 이후 환경복원을 위한 노력과 특정산업 퇴출조치 등으로 인해 오염문제가 상당 부분 없어졌지만, 산업폐수 및 수은 오염은 여전히 문제가 되고 있다.)

이런 형태의 이주 시스템은 아주 효율적이었다. 1908년 대부분 가족은 회사에서 일했고, 9살 된 이본 쉬나드의 아버지는 화물 기차를 타고 메인주의 루이스턴Lewiston으로 갔다. (역자주: 루이스턴Lewiston 메인주 앤드로스코긴Androscoggin 강 동쪽 지역에 있다. 1819년에 직물공업이 시작되었고 지명은 보스턴의 상인이자 토지 소유자인 욥 루이스Job Lewis를 기리기 위하여 붙인 것이다. 직물 외에 제화 · 판금 · 약품 등의 공업도 발달하였다. 1870년대에 수천 명의 프랑스계 캐나다인들이 이주하여 지금도 그곳은 '리틀 캐나다'라고 불린다.) 화물 기차 정거장은 베이츠제조회사Bates Manufacturing Company의 직업소개소 맞은 편에 있었다. 직업소개소 뒤편으로는 쁘띠 캐나다P'tit Canada(역자주: 작은 캐나다)로 알려진 4층짜리 목조 공동주택들이 이리저리 뻗어 있었다. 이곳에 온 사람들은 모두(6살 이상만 되면) 어떻게 해서든 일자리를 찾아 나섰고 반 블록 떨어진 곳에 방을 구했다. 당시 프랑스계 캐나다 사람들은 뉴잉글랜드 지방 사람들을 자신들보다 낮게 생각했었다

이것은 의미 있는 일이었을까? 이민 온 우리 가족과 친척들에게 이런 상황이 없었다면 지금은 어떻게 되었을까? 그들은 비록 궁핍했지만 농사라는 '의미 있는' 일을 하며 살고 있었다. 하지만 시대는 저임

금으로 장시간 불편한 노동을 요구하는 산업시대로 전환되고 있었다. 그들은 더 이상 농부가 아니었다. 그들은 깨어있는 대부분 시간에 대한 자기 통제권을 잃은 산업전사가 되었을 뿐이다. 사람들은 새로운 형태의 삶 덕분에, 주거와 음식에 대한 기본적인 욕구뿐 아니라 일을 함께하는 동료들과의 관계라는 사회적 욕구도 충족시킬 수 있었다. 그러나 심리학자 아브라함 매슬로우Abraham Maslow의 이론을 살펴보면, 사람들은 여전히 존경받고자 하는 자존감과 자아실현이라는 가장 높은 수순의 욕구가 있다고 했다. 생존적 중요성에 따라 음식이나 수면과 같은 생리적 욕구가 제일 먼저 나타나고 마지막에 자아실현의 욕구가 발생한다는 것이다. 산업시대를 거치면서 우리는 가장 낮은 단계의 기본적인 욕구는 대부분 충족되었지만 자존과 자아성취에 대한 욕구는 거의 이루지 못하며 살고 있다. 농장을 떠나 공장에서 일하면서 안정적인 수입을 확보할 수 있었고 이 때문에 편리한 생활을 유지할 수는 있었지만 소음이 가득한 작업장에서 장시간 노동에 시달림으로써 인간 본성과 멀어졌고 자기 삶의 목적의식과 자주성도 잃게 된 것이다. 농장생활은 거칠고 어려우며 위험하기도 하지만 산업시대의 방식대로 살아가는 것을 요구하지는 않았다.

공장은 결국 더 싼 임금과 노조가 없는 노동력을 찾아서 뉴잉글랜드 남부에서 캐롤라이나 지역으로 이전했다. 오늘날 대부분의 의류생산공장은 아시아와 남미 연안에 자리 잡고 있다. 지난 30년간 글로벌화로 더 싼 노동력을 쫓는 경주가 계속되어왔고, 앞으로 10년 후면

이 경주는 아프리카에서 끝나게 될 것이다. 그러나 수천만 아프리카인의 절반은 이미 휴대폰을 소유하고 있다. 포스트컨슈머리스트post consumerist 사회에서 의류산업에 종사하는 모든 근로자는 최저생활임금을 보장받게 될 것이다. 그리고 우리는 모두 존중받고자 하는 욕구와 자아실현의 욕구, 자신이 한 일이 사회에 해를 끼치는 것이 아니라 도움이 된다는 것을 느끼고 싶어하는 가장 상위 욕구에 대한 권리를 요구할 것이다. 이제는 어떤 곳에서도 가치 없는 일은 찾아보기 어렵게 되었다.

파타고니아는 농장이나 공장을 소유하지 않는다. 직원들 대부분은 제품 생산 현장을 가본 적도 없다. 그러나 우리 이름으로 만들어진 모든 것은 반드시 우리에게 남는다. 우리는 파타고니아 제품을 만드는 모든 직원과 파타고니아 상표가 붙은 한 벌의 옷에 대해 책임져야 한다.

파타고니아가 공급 기업 직원들에게 어떤 빚을 지고 있는지 질문하기까지 오랜 시간이 걸렸다. 우리는 스포츠웨어 평상복에 적용하는 봉제 기준을 높게 설정해 놓았으며 기능성 의류에 대해서는 까다로운 품질 기준을 갖고 있다. 품질 요건을 맞추기 위해 우리 직원들은 항상 깨끗하고 조명 상태가 좋은 공장을 유지하고 숙련된 봉제공들을 고용하기 위하여 애쓴다. 우리는 납품 가격과 공장의 근무 조건을 협상하는 과정에서도 결코 값싼 노동력을 쫓은 적이 없다.

그러나 한 노동인권단체가 월마트에 제품을 공급하는 캐씨 리 기포드Kathy Lee Gifford의 의류공장에서 12살 된 아동을 고용한 사실을 밝혀내자 의문이 생겼다. 파타고니아 역시 제품이 생산되고 공급되는 과정에 관해 아는 것이 거의 없었기 때문이다. 생산공장이 화재예방관리를 어떻게 하고, 화재 발생 시 어떤 조치방안을 가졌는지? 봉제작업을 할 때 부상 방지를 위해 보호대를 사용하는지? 여성 작업자의 경우 일주일에 몇 시간씩 작업하는지? 우리가 모르는 것은 너무 많았다. 심지어 가상 신뢰하고 있는 생산공장에서조차 잘 팔리는 제품을 더 많이 수주하고 납기를 단축하기 위해 장시간 근무를 강요하고 있는지도 모를 일이었다.

기포드Gifford 사건을 계기로 클린턴Cliton 전 미국 대통령은 1999년 전 세계적으로 아동노동을 막고 의류공장의 근무 여건을 개선하기 위해 만든 대책위원회에 참가하기로 했다. 이 위원회를 통해 적절한 근무 여건과 공정한 임금 지급을 감시하기 위한 독립적 비영리기관인 공정노동협회Fair Labor Association, FLA가 설립되어 아동노동, 강요된 노동, 폭력, 성희롱, 인종차별 등을 금하는 직장 행동규범Workplace Code of Conduct이 제정되기도 했다. 또한 최저임금이나 직종별 적정임금Prevailing wage 중 높은 임금의 보장, 골치 아픈 문제인 초과근무 허용 횟수를 제한하는 선에서 정해진 초과근무에 대한 수당과 건강하고 안전한 근무 여건, (비록 중국과 베트남에서는 독립적인 노동조합이 불법이긴 하지만) 노동조합에 가입할 수 있는 결사의 자유 등이 보장되었다. 파타고니아의 직장 행동규범은 허가되지 않은 하도급을 하지 않으면서 품질향상 계획을 수행하도록 규정하고 있다.

어떤 공장에 첫 주문을 하기 전에 파타고니아는 그 공장에 사회·환경책임팀을 보내 생산 환경을 확인한다. 이 팀은 계약을 취소할 수 있는 권한이 있다. 또한, 품질관리 책임자는 구매부가 결정한 새로운 공장과의 계약을 거부할 수도 있다.

2000년대 초반, 파타고니아는 공장 기지를 확장하는 과정에서 저렴한 임금의 노동력을 고려하는 잘못된 선택을 한 적이 있었다. 공장 수가 100개가 넘어서자 우리는 더 이상 공장을 효과적으로 관리하기 어려워졌다. 우리는 공장에서 일하는 사람들에 대해서도, 또 그 공장의 근무여건에 대해서도 제대로 알지 못하는 상태가 된 것이다. 그러자 제품 품질은 급격하게 떨어졌고, 납기는 늦어졌으며, 비싼 비용을 들여 다시 작업하는 일이 발생하고, 창고에서의 검사 시간도 길어졌다. 고객불만이 높아지고 이에 따른 반품은 이익을 급격하게 감소시켰음은 두말할 나위도 없다.

그리고 나서야 우리는 공장의 수를 삼 분의 일로 줄이고 지속적인 사업 관계를 유지해 나갈 수 있는 사람들과 새로운 관계를 맺기 시작했다. 그 결과 공장 내 근무 여건은 물론 품질도 높아졌다. 지금은 아무리 칭찬해도 아깝지 않은 사람들과 함께 가족처럼 일하고 있다. 봉제 담당자에서 공장장에 이르기까지 모든 사람이 자기 일과 자신이 생산한 제품의 품질에 집중하고 있다. 맥스포트^{Maxport} 공장은 물론이고 모든 공장이 정해진 직종별 적정임금 이상을 지급하며 영양 식단으로 짜인 점심을 제공한다. 저렴한 비용의 보육 서비스도 제공하고 있으며 간호사를 직원으로 채용하여 직원들의 건강을 돌본다. 공장은 자연 채광을 최대한 활용하여 지나치게 춥거나 덥지 않게 유지하고 있다. 회사에서 일하는 것 자체가 의미 있는 일에 가까워진 것이다.

공장이 이렇게 바뀌면, 재 작업과 반품이 줄어 결국 높은 품질의 의류를 생산할 수 있다. 그리고 제품을 구매한 고객은 다른 사람에게 파타고니아를 적극적으로 추천한다. 이것이 바로 품질에 대한 좋은 평판을 유지하는 방법이며, 우리는 이것을 가장 소중하게 여기고 있다. 만일 이것을 잃는다면 우리는 또 다시 엄청난 비용을 치르게 될 것이다.

다음으로 중요한 일은 파타고니아 제품 생산에 관여하고 있는 모든 사람에게 적정한 수준의 생활비를 지급하는 것이었다. 직원을 줄이지 않으면서도 이것을 가능하게 하기 위해서는 매출에 영향을 주지 않는 범위 내에서 제품 가격을 올릴 수밖에 없었다. 모든 공장은 유사한 노동 행위에 대해 브랜드와 상관없이 같은 임금을 지급할 수 있어야 한다.

파타고니아는 현재 공정노동협회가 정한 규정에 따라 최저임금 보장을 위한 단계적 접근을 하고 있다. 그러나 한편으로는 자체적인 방안도 실행 중이다. 공장이 있는 나라별로 최저임금과 직종별 적정임금minimum and prevailing wage을 조사하고 적정 생활비에 가깝게 지급하기 위해 각 공장과 협상을 시작했다. 그동안의 노동 관행에 대해 자체적으로 조사해 온 발자국 연대기가 없었다면 공급망 내에 있는 협력회사들에까지 적정임금을 지향하는 방향으로 결정하지 못했을 것이다. 투명한 사회책임보고서를 꾸준하게 낸다면 모든 회사가 이런 성과를 낼 수 있다. 그것이 어떤 형태이든 간에, 투명성이 기업의 이익에 도움이 되는 것만은 분명했다.

우리 협력회사 중 일부는 위와 같은 도전들이 소비자에게 알려지는 것을 보고 무척 기뻐했다. 그동안 그들이 직원 급여와 근로 여건 향상을 위해 기울여 온 노력이 세상에는 별로 알려지지 않았기 때문이다.

발자국 연대기의 공개로 몇몇 협력회사는 우리를 좀 더 신뢰하게 되었으며 더욱 많은 정보를 공유하고 보다 긴밀한 협조를 통해 문제를 해결해 왔다. 이러한 협업이 바로 우리의 일을 의미 있게 만들고 있다.

공정노동협회가 사회적 여건을 개선할 수 있도록 도와준 소중한 파트너라면 독립적인 인증기업인 블루사인테크놀로지Bluesign Technologies는 우리가 환경 피해를 최소화할 수 있도록 도와준 중요한 파트너였다. 블루사인은 정기적인 감사를 통해 자원의 생산성, 소비자의 안전, 폐수와 매연의 배출, 건강과 안전이라는 생산공정의 5가지 영역에서 환경적 성과 향상 시스템을 평가한다. 회원 기업들은 정기적으로 진행된 개선사항을 보고하고 시스템 유지에 필요한 개선 목표를 맞춰나간다. 특히 화학물질을 검사하여 분류하는 데 있어서는 체계적인 지원이 매우 중요한데, 파란색은 사용하기에 안전함, 회색은 다루는데 특별한 주의를 요함, 검은색은 사용금지와 같은 카테고리로 분류된다. 블루사인은 검은색 화학 물질의 경우 대체 가능한 다른 물질을 찾도록 권고하고 있다.

블루사인의 기준은 매우 엄격하지만 아홉 개의 파타고니아 협력회사는 그 기준 적용에 모두 동의했다. 블루사인이 인증한 원단은 현재 파타고니아 제품에 사용된 전체 원단의 30퍼센트에 이른다. 더불어 2015년까지는 모든 원단 공급기업이 블루사인의 기준을 지키도록 요청했다.

파타고니아는 발자국 연대기 덕분에 사회적·환경적 영향뿐 아니라 품질 향상을 가로막는 여러 가지 장벽을 제거할 수 있었다. 장벽은 비협조적인 태도, 냉소주의, 무관심 등으로 나타난다. 그러나 발자국 연대기는 협력회사와 우리가 모두 기존의 현상을 그대로 수용하는 대신 더 나은 선택을 하도록 도와주었다. 이것은 우리가 하는 일이 어떻게 의미 있는 것으로 변해가고 있는지를 잘 보여줬다. 우리가 만드는 옷은 단순하지 않다. 우리는 환경적 영향이 적은 옷을 만든다. 그리고 오래 입을 수 있는 옷을 만든다.

공동자원의 활용

1990년대 초반, 보스턴 매장 직원들이 겪었던 두통의 원인을 확인하는 과정에서 우리는 모든 제품 생산에는 사회적·환경적 비용이 반드시 따르게 된다는 것을 알았다. 폴리에스터polyester가 화학적으로 처리된 강화면보다 환경적 피해가 더 적은 것으로 증명되긴 했지만, 여전히 화석연료인 석유로 만들어지고 있다. 전통적인 유기농 면화가 더 나아 보이기는 하지만 그것은 여전히 물고기의 삶을 숨 막히게 하는 콘크리트 댐에서 관개시설을 통해 얻은 물 혹은 땅속 깊은 곳에서 끌어올린 물을 대량으로 사용한다.

파타고니아는 건축가 윌리엄 맥도나우William McDonough의 '요람에서 요람까지cradle-to-cradle'라는 개념을 고려하기 시작했다. 그는 자연 발생적인 모든 쓰레기가 새 생명을 위한 양분으로 사용되는 것처럼, 인간이 만든 모든 제품도 수명이 다했을 때 이전과 동일한 가치의 새로운 제품으로 재활용되어야 한다는 주장을 했다. 우리는 한정된 자원에 과도하게 의존하는 생산방식을 줄이고 수명이 다한 제품을 쓰레기 매립지나 소각로로 가지 않게 만드는 노력이 필요했다.

2005년 파타고니아는 이런 생각들을 바탕으로 공동자원재생프로그램Common threads Recycling Program을 시작했다. 고객에게 못 입게 된 카필린Capilene 속옷을 회사로 보내달라고 부탁했고, 그 속옷을 일본에 있는 폴리에스터 공장에 보내 녹이고 다시 압착하여 새로운 섬유를 만들었다. 우리는 2010년까지 모든 제품을 재생 또는 재활용하겠다는 계획을 세웠다. 시간이 지나면서 파타고니아 중고제품 회수율은 높아졌다. 우리는 6년 동안 닳아서 못쓰게 된 의류 34톤을 재생하거나 재활용했다.

이 과정에서 우리는 몇 가지 도전에 직면했다. 폴리에스터 옷의 경우 완벽한 재활용 시스템을 통해 중고제품을 기존의 제품과 동일한 가치를 지닌 새로운 섬유로 만들어 낼 수 있었지만 면과 양모는 불가능했다. 면과 양모는 녹일 수가 없으며 잘라 내는 방식으로 재활용할 수밖에 없기 때문에 이전의 제품과 동일한 가치를 가질 수 없었다.

잘린 재생 섬유로 청바지나 두꺼운 신약용 재킷을 만들 수는 있지만 고급스러운 셔츠로 다시 만드는 것은 불가능했다. 그리고 나일론 중에서도 오직 나일론 6만이 재활용 시스템을 통해 완벽하게 재생될 수 있었다. 따라서 고가의 방수 재킷을 포함하여 파타고니아가 만든 대부분의 나일론 옷들은 작은 조작으로 잘려져 한 단계 낮은 수준에서 재활용되었다. 그리고 우리는 중고 낚시용 방수 바지로 핸드백과 지갑을 만들고 버려진 잠수복으로 비어쿠지beer Koozies(역자 주: 차가운 맥주병이나 캔의 냉기를 유지하기 위해 감싸는 천)를 만드는 법을 알고는 있었지만 배낭을 재활용하는 방법에 대해서는 아무런 아이디어가 없었다.

우리는 5년간에 걸친 도전과 노력을 통해 일부 성과를 거두기는 했지만 왠지 뒷걸음질하고 있다는 생각을 떨칠 수 없었다. 우선 만들어서는 안 되는 물건을 재생해서는 안 된다. 줄이고, 고치고, 재사용하고, 재생하라는 환경운동가 애니 레오나드Annie Leonard의 말에서도 알 수 있듯이 재생은 제일 마지막에 할 일이었다. 만일 우리가 환경적·사회적으로 해로운 것을 만들고 있다면 줄이라는 경고를 먼저 해야 한다. 쓸모없는 물건이나 오래가지 못하는 물건을 만들어서는 안 된다. 필요하지 않은 것은 구매해서도 안 된다. 다른 회사들처럼 매년 3퍼센트 성장을 목표로 한다면 고객에게 소비를 줄이라고 말할 수는 없을 것이다.

어쩌면 망할 수도 있다는 생각이 자연스럽게 들었다. 하지만 이런 두려움을 극복하게 되자 우리는 공동자원활용운동Common Threads Initiative이라는 재활용 프로그램을 개선하여 고객과의 협력을 기반으로 전통적인 4R(Reduce, Repair, Reuse, Recycle)을 순서대로 추진하기 시작했다.

우리는 고객에게 필요하지 않은 제품이나 오래 입지 못할 제품(유행을 타거나 부실하게 만들어진 제품)을 사지 말라고 부탁하기 시작했다. 그리고 파타고니아는 쓸모 있고 오래가는 제품을 만들기 위해 더욱 노력하겠다고 약속했다. 또한, 고객에게 해진 옷을 버리거나 새 옷을 사기 전에 기존의 옷을 수선해서 입으라고 부탁했다. 이를 위해 우리는 수선부 직원의 수를 늘려 보다 신속하게 수선 서비스를 제공할 수 있게 만들었다. 그리고 고객에게 더 이상 입을 수 없는 옷은 재사용하거나 재활용해 달라는 부탁을 했고, 이베이와 협력하여 우리 고객이 웹사이트를 통해 중고의류를 소개하고 쉽게 팔 수 있도록 만들었다. 이런 일련의 활동이 결국 파타고니아 사업에 나쁜 영향을 미쳤을까? 우리는 쓸모 있는 고품질의 제품을 만들어 공급하고 고객의 구매활동이 보다 사례 깊게 이뤄진다면, 우리의 신념을 공유하는 새로운 고객은 계속 늘어날 것이라고 믿었다.

예정보다 한 해 늦은 2011년, 우리는 중고제품의 반품을 모두 받아들여 재활용 또는 다른 용도로의 재사용을 시작했다. 그리고 다섯 번째 R인 리이매진reimagine(생각의 전환)을 추가하여 고객과 함께 생각의 전환을 통해 대체 가능한 것만을 자연으로부터 취하자고 약속했다. 이 다섯 번째 R은 다른 네 개를 뒷받침한다. 만일 우리가 장기적인 관점으로 생각하고 행동하지 못한다면 자연 또한 생존을 위한 우리의 노력에 등을 돌리고 말 것이다.

빌 맥기벤Bill McKibben은 몇 년 전 공장형 농장과 저투입low-input 농장의 생산량을 비교하는 과정에서 흥미로운 사실을 발견했다. 보조금이 지급된 공장형 농장의 경우 단위당 생산량은 더 높았지만 저투입 농장은 진짜 먹거리를 생산해 내고 있다는 사실이었다. 공장형 농장은 거대한 기계장비로 운영되는 만큼 단순하고 획일적인 작업을 필요로 한다. 수백 에이커에 이르는 농지에는 같은 품종의 곡식이 곧게 뻗어 자라고 있으며, 고급자동차 페라리 만큼이나 많은 기름을 쓰는 비싼 장비가 수확을 한다. 그러나 십 에이커에 불과한 농지를 가진 농부는 그 땅을 잘 안다. 농부는 어떤 작물이 어디에서 잘 되고 어디에서는 잘 안 되는지, 뿌리 길이가 다른 작물의 경우 어떻게 간작을 해야 하는지, 어느 땅에서 지렁이가 잘 자라고 있는지 등 생산성 향상에 필요한 지식에 의존하여 농사를 짓는다. 땅을 고갈시키는 농법이 있는 반면 자연에 참여하고 자연을 활용하는 농법이 있는 것이다.

지금은 물론 앞으로도 저투입 소규모 농장이 기업형 농장보다 더 건강한 모델이 될 것이다. 이 같은 사실은 효율성과 확장성을 강조하던 20세기의 직관과는 대조된다. 그러나 사업 주체인 사람 역시 자연의 일부라는 사실을 이해하고, 우리가 사는 이 땅에 대해 더욱 상세하게 알아야 할 때가 왔다. 우리가 하고 있는 사업 때문에 자연이 고갈되어서는 안 된다. 우리에게는 살아 있는 자연을 보존해야 할 책임이 있다. 우리 후손들도 함께 살아야 하기 때문이다.

근로자에게는 세 가지 사회적 역할이 있다.

우리 모두는 시민이다. 시민은 투표를 통해 자신의 목소리를 내며 정부를 만들거나 실각시킬 권리가 있다.

우리 모두는 소비자이다. 제품을 구매하는 소비자로서 우리 모두가 힘을 합친다면 기업을 변화시킬 수도 있고 궁극적으로는 정부의 정책에도 영향을 끼칠 수 있다.

우리는 또한 직업을 갖고 살아간다는 점에서 생산자이다. 이것이 가장 활발한 사회적 역할이다. 우리는 개인적인 삶이나 투표소 안에서 보다 직장에서 일할 때 가장 통제를 적게 받는다. 우리가 생산자 역할에 충실할 때 가장 큰 사회적 변화를 만들어 낼 수 있다. 제품이 주는 환경적 영향의 90퍼센트는 설계 단계에서 결정된다. 쓰레기의 삼분의 이는 가정이 아닌 산업체 폐기물이다. 따라서 토요일 오후 쇼핑할 때보다는 평일 직장에서 일할 때 더 깊이 있게 고민해야 한다.

그것이 환경에 훨씬 더 큰 영향을 준다.

　의미 있는 일이란 도대체 무엇인가? 파타고니아는 자연과 사람에 대한 책임을 수행하기 위해 항상 최선을 다했다. 그래서 모든 직원이 재능이나 교육수준과는 상관없이 의미 있는 일을 하고 있다고 자부한다. 우리의 일상은 재미없고 지루하며 싫증나기도 하지만 다른 한편으로는 사회에 뭔가 유용하고 즐거운 것을 제공하기 위한 노력으로 채워져 있기도 하다. 물론 이런 노력이 자연과 공유자원, 그리고 다른 근로자들에게 부당한 피해를 주어서는 안 될 것이다. 그리고 지루함은 의미가 있을 때 쉽게 받아들여진다. 한 걸음씩 책임 있게 내딛고 무언가를 배우며 또 새로운 한 걸음을 내딛으면서 자신을 스스로 검열해 나가는 것이 파타고니아 모든 임직원을 몰입하게 만드는 동력이다. 파타고니아의 협력회사와 고객은 대부분 이런 과정에 똑같은 투자를 하고 있다. 우리는 몰입을 통해 삶을 더욱 생동감 있게 만들어 나간다. 활기 넘치며 스스로 만족하는 삶을 사는 사람들이 모여 사업을 더욱 의미 있게 그리고 더 번창하게 만들고 있다.

THE ELEMENTS OF BUSINESS RESPONSIBILITY

5장 이해집단에 대한
기업의 책임은 무엇인가

THE ELEMENTS
OF BUSINESS
RESPONSIBILITY

지금까지 논의했던 것처럼 기업은 소유주(주주), 직원, 고객, 지역 사회, 그리고 자연이라는 5개 이해집단stakeholders을 갖고 있다. 그리고 이제는 이 이해집단별로 적용 가능한 기업의 사회적 책임 요소들을 살펴볼 차례이다. 이 장에서 소개될 각각의 책임 요소와 부록에 수록된 점검표checklist는 사업을 위한 기업의 기초 체력을 강화하면서도 사회적·환경적 책임 수행에 필요한 방법을 찾는데 도움이 될 것이다.

기업의 필요와 사업 용도에 맞게 점검표를 활용하고자 하는 기업은 www.patagonia.com에서 편집과 재분류가 가능하도록 만든 엑셀 시트를 무료로 내려받을 수 있다. 더 많은 정보가 필요하다면 인터넷을 이용하여 기업환경점검표Environmental Business Checklists를 검색하면 다양한 자료들을 찾아 볼 수 있다.

가장 널리 알려진 평가도구로는 두 가지가 있는데, 이것들은 부록에 수록된 점검표를 만드는 데도 활용되었다. 더욱 상세한 자료는 아래의 사이트에서 내려받을 수 있다.

1. 비코퍼레이션B Corporations의 B 영향 평가도구

   www.bcorporation.net

2. 나파 그린Napa Green의 와인양조장Winery용 평가도구

   www.napagreen.org/downloads/ABAG checklist.pdf

어디서부터 시작해야 할까?

대답은 회사 내 당신의 역할에 달려 있다. 만일 당신이 일반 직원이거나 회사 내에서 지속가능성 프로그램과 같은 것을 추진할만한 권한이 없다면, 어디서든 무엇이든 시작할 수 있다. 부록에 첨부된 점검표를 검토하여 회사 내에서 할 수 있는 것이 무엇인지 확인하라. 기업이 직원들을 잘 대우하고 자연 친화적 활동을 늘리는 데 많은 투자를 할 경우, 이익이 줄어들고 성과가 떨어질 것이라 우려하는 사람들이 있다. 당신 상사가 이렇게 믿고 있다면 어떻게 할 것인가? 그렇다면 먼저 경비 절감 방안을 찾는 것에 집중하라. 회사 경비가 줄면 상사가 받을 수 있는 스톡옵션의 가치도 높아지기 때문에 그런 활동을 탓할 상사는 세상에 없다.

당신이 만약 경영자이고 앞으로 자연 친화적 경영을 추구하겠다고 생각한다면, 최소한 환경보호에 대해 우호적인 마인드를 가진 직원들을 확보해야 한다. 그리고 경영자이지만 회사 내 친환경 정책을 수립

하고 추진해 나가는 데 필요한 권한을 갖고 있지 못하다면, 이사회를 설득하여 경영 환경 변화에 대한 기업의 역할을 강조해야 한다. 이사회는 환경과 관련된 정책과 지식에 대해 민감하게 생각하고 있는 주주와 소비자로부터 자유로울 수 없다.

혹시라도 기후변화가 과학자들의 거짓말에 불과하다고 믿고 있는 CEO 혹은 CFO를 상사로 두고 있다면, 당신은 그들을 어떻게 변화시킬 수 있을 것인가? 또 어떻게 부하직원들을 끌고 나갈 것인가?

최고의 방법은 다니엘 골맨Daniel Goleman의 "당신의 영향력을 알고, 개선 활동을 지지하고, 배운 것을 나누어라."라는 신념을 쫓아야만 할 것이다. 단, 이것은 반드시 순서대로 실행되어야 한다. 배운 것을 공유하기 전에 그리고 개선 활동을 지지하기 전에 당신의 영향력을 먼저 알아야만 한다.

녹색운동을 추진하는 데에는 3가지 단계가 있다.

첫째, 직원들과 함께 회사 내 여러 가지 활동 가운데 가장 나쁜 것을 찾아내고 회사의 명성과 이익에 나쁜 영향을 주는 요소를 파악하여 이를 바로잡을 수 있는 방법을 찾아내는 것이다. 당신이 아주 쉽고 빠르게 개선해나갈 수 있다고 생각한 여러 가지 문제들이 종종 다른 기업에는 아주 복잡하고 어려운 문제로 나타나기도 한다. 따라서 회사의 가치와 특성, 그리고 기업 문화가 혁신적인가 아니면 안정 지향적인가를 파악하고 접근해야만 한다.

이미 알고 있다고 생각하는 것을 먼저 회사에 알려라. 당신은 어떤 문제에 관한 이야기를 들었을 때 가장 괴로운가? 그것을 개선하기 위해 당신이 할 수 있는 일은 무엇인가? 회사는 그 문제를 잘 해결할 수 있을까? 다른 직원들에게 똑같은 질문을 하고 이것에 답변할 수 있도록 하라.

두 번째 단계는 직원들과 함께 환경 개선을 위한 우선순위를 정하고 중요한 것들을 뽑아내는 것이다. 가장 먼저 해야 할 일과 예산, 시간, 그리고 인원 분배에 관한 계획을 수립하라. 환경 개선 작업이 성공적으로 이뤄졌을 때 회사가 어떻게 변하는지를 그려놓고 그 내용을 한 장의 종이에 적어 직원들과 공유하라. 개선을 통해 이루고자 하는 것을 분명하게 만들어 놓으면, 그것은 곧 회사의 최대 강점이 될 것이며 사업상 위험을 최소화하고 경비를 줄이며 새로운 사업 기회를 만들어 낼 수 있다.

당신이 배우고 깨달은 것을 회사 내 가능한 많은 사람과 공유하라. 당신 본연의 업무가 바쁘다고 피해서는 안 된다. 그리고 다시 기업 외부의 이해집단(협력회사, 협회, 주요 고객, 심지어는 무언가를 이루기 위해 협력 관계를 구축해야 할 필요가 있는 경쟁자를 포함하여)과도 배우고 깨달은 것을 공유하라. 이런 활동은 이해집단과의 신뢰 구축에도 큰 도움이 되며 이런 관계를 통해 회사 평판과 명성은 더욱 높아진다. 환경 개선 활동을 추진하는 과정에서 겪게 되는 실패나 실수조차도 솔직하게 밝힐 수 있어야 한다. 그래야만 이런 일을 적극적으로 지지하는 사람들이 눈덩이처럼 불어날 것이다.

마지막으로 견고하게 구축해 온 믿음, 조직 내 쌓인 지식, 그리고 기업과 이해집단 모두가 인정한 자부심과 자신감을 기반으로 다음과 같은 질문을 다시 던져라. 우리 회사는 다음 단계에 할 일들을 제대로 파악하고 있는가? 어쩌면 다음 단계의 일이란 게 뻔할 수도 있지만, 실제로는 예전에 생각조차 못 했던 것들일 수도 있다.

지속적으로 추진하라. 그러면 이런 일들이 일어난다.

회사는 점점 더 똑똑해진다. 그리고 더 많은 사람이 사회적·환경적 개선을 통해 사업적 성과가 높아지는 것에 관심을 갖게 된다. 직원들은 기업의 본질에 대해 더욱 세심하고 깊이 있는 생각을 하게 되며, 이 같은 경험을 응용하는 사례가 늘어나면서 보다 유연하고 낭비가 적은 조직으로 발전하게 된다. 이전에는 결코 볼 수 없었던 낭비 요인을 정확하게 찾아내는 능력이 생기며, 일반적인 관행을 되풀이하는 기업은 결코 접근하기 어려운 그런 새로운 사업 기회를 찾아낼 수 있다. 동기부여는 바로 이런 작은 성공에서 비롯된다.

선행善行이 보다 나은 사업을 만들어 낸다.

우리는 최근 몇 년 동안 지켜본 다른 기업의 사례와 우리가 벌여온 활동을 통해 많은 것을 깨달았다. 월마트의 경우 쓰레기 배출 제로(0)라는 장기적 목표를 설정하기 훨씬 이전에, 데오도런트deodorant 제품의 불필요한 포장을 제거함으로써 수 백만 달러의 돈을 절약할 수 있었다. 또한, 월마트는 환경 피해뿐 아니라 경비를 줄이는 데 있어서 현장에서 내리는 적절한 의사결정이 아주 중요하다는 사실을 알게 되었다고 한다.

물론 이런 일을 추진할 때, 처음에는 심각한 내부 저항을 부딪칠 수도 있다. 시인 윌리엄 스테포드William Stafford는 모든 시의 첫 행은 독자에게 수많은 논쟁거리를 제공한다고 했다. 사람들이 일반적으로 받아들이고 있는 지식에 반대되는 이야기를 꺼낼 때는, 그들이 충분히 동의할 수 있도록 약간의 시간을 갖고 기다려줄 필요가 있다.

사회적·환경적 활동과 관련된 계획을 수립하고 추진할 때는 누구도 반박할 수 없는 그런 일부터 시작하는 것이 좋다. 일단 경험하도록 만들어야 한다. 그러면 너무 미묘하고 눈에 잘 띄지 않아서 파악하기조차 어려웠던 사회적·환경적 영향을 이해할 수 있게 된다. 그리고 그런 영향으로부터 자연을 보호하려는 방법을 깨닫고 업무 환경 개선을 위한 문화적 성향을 공유하며 동일한 언어를 사용하게 될 것이다. 월마트가 상품 포장지를 줄임으로써 상당한 돈을 절약할 수 있었고, 또 비슷한 조치를 통해 더 많은 경비를 줄였다는 사실을 의류 부문 판매자 또는 관리자들에게 알려준다면 그런 이야기를 들은 사람들은 근무 시간 중 아무리 바쁘더라도 포장지를 줄이려고 노력하는 것에 암묵적 합의를 하게 된다. 관리자들은 흔히 동료(회사 내 경쟁자)가 도전적으로 상상하고 실행하여 특별한 성공 사례를 만들어 내기 전까지는 익숙한 관행이라는 안전지대 안에 머물러 있기 때문이다.

용기는 전염된다. 그리고 성공도 마찬가지다.

사회적·환경적 개선 활동 초기 단계에서는 회사 내 다양한 직급에 속해 있는 영웅들의 지혜와 능력이 필요하다. 물론 이 영웅들이 개선 활동을 지지하는 세력의 핵심이 아닐 수도 있다. 하지만 상대를 잘 배려하거나, 종교적 믿음이 크거나, 아니면 집사의식stewardship이 충만한 동료들과의 협력을 통해 놀랄만한 추진력을 만들어 낼 수 있다. 결국에는 협력하는 과정에서 개인과 회사 모두가 변한다.

그리고 무엇보다 중요한 것은 우리가 배우고 깨달은 내용을 자주 그리고 많은 사람과 공유하는 것이다. 사회적·환경적 개선이 이뤄지는 과정을 투명하게 유지하면 이런 활동을 지지하는 기반이 회사 주변에서부터 중심으로 이동할 것이며, 거대한 바위처럼 꿈적도 안 할 것 같았던 반대 세력조차 주변으로 물러나거나 은퇴하고 말 것이다.

이제 회사가 어느 정도 상황을 파악하고 외부 파트너와도 환경적·사회적 영향을 줄이기 위한 활동을 함께 해 나갈 수 있을 만큼 자신감을 갖게 되면, 직원들은 이런 활동을 사업의 일부로 받아들이게 된다. 앞으로 이런 과정은 피해 갈 수 없다.

당신이 CEO가 아니더라도 좌절할 필요는 없다. 우리가 알고 있는 대부분의 경영 컨설턴트와 전문가들은 사회적·환경적 개선을 추진할 때, 모든 계획이 경영자로부터 내려오는 상의하달식 진행이 필요하다고 말한다. 물론 일반적인 회사에서 이런 활동이 상의하달식 지지 없이 성공한 사례는 많지 않으며, 최소한 경영자의 방해가 없어야만 하는 것은 사실이다. 그렇지만 때로는 중요한 변화가 가장자리에서 시작하여 중심으로 이동하기도 한다. 특히 회사가 환경적 피해와 경비를 줄여나가면서 더 많은 돈을 벌 기회를 갖게 된다면, 하의상달식 진행도 아무런 장애가 되지 않는다.

첫 번째 요소: 회사 건전성에 대한 책임

사회적·환경적 책임에 매진하겠다는 각오를 가진 기업이라 할지라도 매출과 이익을 정확하게 파악하고 제때 급여를 지급해야 하는 기본적인 책임으로부터 자유로울 수는 없다. 건강한 재무 상태를 유지해야 하는 기업의 첫 번째 책임을 다하지 못하면 사회적·환경적 책임을 충실히 이행해도 존경받는 기업이 될 수는 없다.

그러나 기업의 건강한 재무상태를 평가하는 방법이 이제는 조금 달라져야 한다. 특히 회계의 경우, 자연과 공유자원으로부터 얻는 이득은 그 어디에도 기록되지 않는다. 그리고 자연을 훼손한 비용에 대한 기록도 찾아볼 수 없다. 물론 지금의 시스템에서는 회계장부에 이런 기록을 하는 것이 불가능하다. 하지만 자연 생태계와 공유자원의 훼손으로 인한 엄청난 비용은 이미 발생하고 있으며, 기업과 관련 없는 외부의 무관한 사람들이 그 비용을 감당하고 있다. 과연 누가 책임지는 것이 옳은가?

이와 관련하여, 지난 수십 년 동안 자연과 공유자원의 가치를 올바르게 고려하도록 기업을 설득하는 작업들이 여러 곳에서 이뤄져 왔다. 1994년 존 엘킹톤John Elkington은 '3가지 핵심triple bottom line(TBL)'이라는 개념을 만들었다. 이것은 금전적 자본으로 나타나는 이익뿐 아니라 인적 자본(사회적 건강), 자연 자본(지구 환경)을 포함하는 3가지 차원에서의 지표로 기업 성과를 측정하는 것이다. 2007년 유엔은 공공 부분 회계를 위한 기준으로 TBL을 승인하여, 산업체에 지급되는 정부 보조금의 실질적인 비용을 측정하는 수단으로 사용하게 했다.

국제자연보호협회The Nature Conservancy와 국제보전협회Conservation International는 회계법인인 프라이스워터하우스쿠퍼스와 함께 생태계 평가를 위한 새로운 방법론을 개발하고 있다. 첫 번째 장에서 언급됐던 것처럼, 다우케미컬은 5년간에 걸쳐 총 1000만 달러를 투자하여 국제자연보호협회와 함께 생물의 다양성과 '생태계 서비스ecosystem service'(예를 들면, 지구 음식 생산의 3분의 1은 곤충과 동물의 수분작용pollination에 의존하고 있음)를 공짜로 제공하는 자연에 적정한 값을 매기는 방법을 개발하기 시작했다. 다우는 모든 사업적 의사결정에 대한 생태계적 비용을 측정하는 기준으로 이 정보를 사용하기로 했다.

국내총생산을 산출하는 데 있어서도 자연과 공유자원을 반영하는 새로운 방법이 필요하다. 사회적·환경적 영향을 고려하는 새로운 형식은 우리가 현재 가진 최악의 회계 관행을 바로잡아 나가는 데 큰 도움이 될 것이다.

이것은 공유가치창출Creating Shared Value, CSV이라는 개념에서 비롯되었다. CSV에는 기업의 성공과 공동의 선이라는 두 가지 목표가 있다. 그리고 지속가능한 자원, 교육받은 근로자, 소비자 모두가 즐겁게 흥얼

거리면서 부를 창출하고 세금을 내야 한다고 주장한다. 기업의 사회적 책임은 사업 전략에 있어서 필수적이며 가치 제안value proposition은 사회적 가치 제안social value proposition을 모두 포함해야 한다는 것이다.

세계은행 회장 로버트 조엘리크Robert Zoellick는 개발도상국이 보유한 자연 자본에 화폐적 가치를 할당해야 한다고 주장하고 있다. 우리는 이 같은 주장에 반박하기가 쉽지 않다. 그는 "한 국가의 자연 자본은 그 국가의 금융 자본과 제조 자본, 그리고 인적 자본 세 가지를 결합하여 가치를 산정한 자본의 총합이 되어야 한다."라고 말했다. 우리는 이 말이 얼마나 중요한지 알아야 한다. 태양 아래 존재하는 모든 것은 정치·경제 시스템과 권력 안에 있음을 의미하고 있기 때문이다.

하지만 모든 것을 계량화된 숫자로 표시할 수는 없으며, 가격조차 존재하지 않는 사물에 가치를 부여하는 것은 마치 시험 성적만으로 교육 수준을 평가하는 것과 같이 위험할 수 있다.

돈이 모든 것의 수단과 기준이 될 때, 정치·경제적 해악이 자라게 된다. 경제활동 영역의 밖(시스템 외부)에서 계량화되지 않거나 무시되고 그냥 내버려진 외부효과는 더 이상 존재하지 못한다. 황무지를 계량화했다고 해보자. 우리가 할 수 있는 것이 무엇인가? 황무지는 단지 우리의 아이디어와 생각 속에서만 남아 있게 될 것이다. 생태계 서비스의 필요성에 대한 존 뮤어John Muir의 연설때문에 루스벨트 대통령이 요세미티 공원을 보전하여 별 아래 삼나무로 가득한 수많은 밤을 볼 수 있게 만들었다고 단정할 수는 없다.

우리가 공동으로 소유하고 소비하는 것들은 우리가 다시 되돌려 줄 수 있을 때에만 자유롭게 사용할 수 있다. 모든 것에 가격이 매겨져야만 가능한 것은 아니다.

두 번째 요소: 직원에 대한 책임

산업혁명이 전 세계로 확산되면서 새로운 생산 시스템이 도입되기 시작했고 노동에 대한 개념도 크게 바뀌었다. 생산자는 도구나 기계를 소유하지 않고도 물건을 만들 수 있게 되었고, 최종 생산품에 대해 종합적인 책임을 질 필요도 없어졌으며, 돈을 주고 제품을 구매하는 사람이나 이익을 나누는 사람들의 얼굴도 모르고도 거래가 가능하게 되었다. 기업은 대량생산 시스템을 도입하면서 인간 노동력에 대한 의존도를 낮출 수 있었고 기계와 로봇에 대한 의존도는 더 커졌다.

그러나 기업은 일정한 기준과 절차에 따라 제품을 만들고 서비스를 제공하는 직원들에게 적절한 보상을 해야만 했다. 특히 생산성을 높이기 위해서는 직원들의 충성심과 헌신 그리고 창의성이 필요했다. 그리고 기업의 책임은 제품 생산과 판매에 관여하고 있는 공급사슬 내 모든 사람에게까지 확장되었다.

기업은 직원의 헌신을 유도하고 관료주의적인 태도와 장애를 최소화하며, 목적에 따라 조직 내 팀을 서로 다르게 조직화하여 최고의 성과를 낼 수 있어야 한다. 그동안 열둘(12)이라는 숫자가 바로 계급이나 서열에 의한 부작용을 최소화하면서 특정한 과업을 가장 협력적이며 유대감 있게 수행하는 데 도움이 되는 것으로 알려졌다(배심원단의 수, 함께 사냥을 떠나는 부족원의 수, 군대의 분대 조직 등을 생각해 보라). 인류학자 로빈 둔바Robin Dunbar는 뇌가 다룰 수 있는 인간관계의 수에 근거하여, 커뮤니티의 응집력을 높일 수 있는 최고의 수로 150을 들었다. 그래서 고어W. L. Gore는 150개의 주차공간을 감안하여 공장을 지었고 주차장이 한계에 이를 때 새로운 공장을 건설하기 시작했다. 다양한 용도의 빌딩과 공장을 운영해 온 마이크로소프트와 인텔 또한 한 건물당 적절한 직원의 수를 150명으로 제한했다. 후터파 교도들은 150명이 되면 새로운 커뮤니티를 만들었으며, 같은 맥락으로 군대의 중대 조직도 80에서 225명 사이의 군인으로 구성된다.

우리는 직원이 다른 부서나 다른 층 혹은 다른 빌딩으로 옮길 때 응집력에 변화가 생긴다는 사실을 알게 되었다. 인접성은 중요하다. 환경팀을 CEO 사무실 바로 옆에 두면 경영진은 환경 운동에 대한 열렬한 지지자로 변한다. 환경팀을 마케팅팀 옆으로 배치하면 많은 환경 운동 지지자를 확보하는 데 도움이 되기도 했다.

파타고니아 직원들은 다른 부서의 직원과 취미생활을 공유하거나 진실한 우정을 나누는 '절친' 관계를 맺거나 카페에서 점심을 먹고 보육시설에서 동료 부모들과 만나면서 부서 간에 오갈 수 있는 많은 정보를 나눈다. 공장이나 사무실에는 공식적인 회의실도 필요하지만 2~3명의 직원이 모여 편안하게 만날 수 있는 공간을 제공하는 것도 아주 중요하다.

앞서 언급했던 것처럼, 파타고니아의 전신이라 할 수 있는 쉬나드 장비회사는 신기하게도 산업 혁명 이전 시대를 살고 있었다. 양철로 된 창고에는 드롭 햄머drop-hammer와 모루(역자 주: 대장간에서 뜨거운 금속을 올려놓고 두드릴 때 쓰는 쇠로 된 대), 석탄 괴철로塊鐵爐, 알루미늄 초크에 구멍을 내는 데 사용되는 지그(역자 주: 절삭 공구를 정해진 위치로 유도하는 장치) 등이 있을 뿐, 시계나 조립라인이 없었다. 모두가 가난했고 어렵게 살았다. 한 때는 불법인 줄도 모르고 일주일에 40시간 이상 일하는 직원에게 10퍼센트의 보너스를 지급하기도 했다. 결국, 불시에 들이닥친 단속으로 이런 관행은 중단되었다. 당시 우리는 사소한 모든 일에 감사하며 창고 앞마당에서 양고기 바비큐와 맥주를 곁들여 가며 흥겨운 파티를 열곤 했다.

우리는 의류 회사 파타고니아를 세웠고 매출이 늘어나면서 더 전문적인 집단으로 변해야만 했다. 그리고 경험이 적은 젊은이들에게 앞으로 우리가 해야만 할 일을 제시해야 했다.

파타고니아는 젊은 직원들에게도 꽤 넉넉한 급여를 지급했다. 이전에는 없었던 건강 관련 복지 제도를 만들었고 다른 기업보다 훨씬 빨리 보육 시설과 출산 휴가를 도입하게 된 배경에 관해서도 이야기했다. 그리고 회사는 일을 위해 '차려입도록' 요구한 적이 한 번도 없었다(하지만 평범한 가정에서 자라 회사에 입사한 직원들을 대상으로 직장 생활에 어울리는 캐주얼한 옷을 제대로 입을 수 있도록 가르친 적은 있다). 직원들은 출퇴근 시간을 조정하면서 업무시간을 스스로 정했고, 일과 시간 중 언제든지 짬을 내서 서핑이나 조깅을 즐길 수 있었다.

1991년 우리는 고용주로서 최악의 경험을 했다. 무려 150명의 직원을 해고했던 것이다. 당시 2년 동안 회사가 너무 방만하게 운영되면서 과도한 재고와 낮은 판매, 직원의 증가, 운영자금의 부족, 그리고 부채의 증가 등으로 큰 어려움을 겪게 된 것이다. 원가와 경비를 빠르게 줄여야만 했다. 근무 시간을 줄이거나 임금을 삭감하는 방안을 논의했으나 20퍼센트의 직원을 내보내는 것 외에는 다른 방법을 찾을 수가 없었다. 해고로 인한 부정적인 영향과 시간을 최소화하기 위해 같은 날 오전에 발표와 함께 실행에 옮겼다. 컨설턴트의 조언에 따라 비상 물류관리 시스템을 도입했고, 직원들은 온종일 동료가 사무실로 불려 가서 면담을 한 후 일자리를 잃고 집으로 가는 과정을 지켜봤다. 해고 대상자를 부르기 위해 사무실을 들락거리는 관리자를 보며 직원들은 종일 긴장했다.

구조조정을 위한 비상 계획에는 군살을 빼고, 고용을 동결하며, 출장을 자제하고, 봉급과 임금을 제외한 모든 비용을 줄이는 것이 포함되었다. 2001년 9.11 테러가 일어난 직후를 포함하여 그동안 몇 차례 이와 비슷한 일이 벌어졌다. 경영 상황이 나빠지면 보너스를 줄였고 상황이 좋아지면 다시 소급해서 지급했다. 상황이 나아지지 않으면 더 어렵고 힘든 의사결정을 하기도 했다. 회사 경비의 절반은 인건비였다. 하지만 급여를 줄이는 상황이 되면 항상 소유주와 경영자, 이사, 관리자의 급여를 제일 먼저 삭감했다. 그리고 근무 시간을 줄이는 조치를 통해 급여 지급에 대한 부담도 어느 정도 낮출 수 있었다.

1991년 있었던 대량 해고 사태 이후, 남아 있는 직원들은 더 의욕적으로 변했다. 그들은 더욱 냉철한 시각으로 사업을 직시할 수 있었고 성장의 중독에서 벗어나야 한다는 생각을 하게 되었으며 업무 집중도 역시 눈에 띄게 높아졌다. 우리는 재무적으로 건강한 기업이 되기 위해 무엇을 해야 하는지 잘 알게 되었고, 또 그렇게 해왔다.

세 번째 요소: 고객에 대한 책임

어떻게 고객을 확보하고 유지할 것인가? 기업은 만족도가 높은 제품과 서비스를 지속적으로 제공하면서 고객과 로맨스를 만들어야 한다.

원예 용품 회사 스미스앤호켄Smith & Hawken을 운영하는 폴 호켄Paul hawken은 광고를 싫어한다. 광고를 통해 맺어진 관계에는 진정성이 없다고 판단하기 때문이다. 폴 호켄은 잡지 광고에 관해 "서로 아무 상관 없는 수많은 메시지가 가득 찬 공간에서 기업이 일방적으로 확성기를 통해 자신의 생각을 반복해서 소리치는 것"과 같다고 말했다.

폴 호켄이 이렇게 언급했던 1980년대 중반 이후, 잡지와 같은 상업적 공간은 계속해서 확장되었고 더 많은 소음이 세상을 채워나갔다.

일회용 제품은 빠르게 늘어났고 조잡한 제품에 대한 소비자의 실망도 커졌다. 제품에 불만을 품은 소비자가 회사로 전화하면 수천 킬로미터 떨어진 외국에 있는 상담원이 잡음 가득한 전화선 너머 책임 없는 답변만을 되풀이하곤 했다. 상담원들에게는 문제 해결에 필요한 권한이 없어서 그저 규정집에 나와 있는 원칙만을 앵무새처럼 되풀이할 뿐이었다.

만일 기업이 값싼 노동력 확보를 최우선 과제로 삼았다면, 제품과 서비스 품질에 문제가 생겨도 고객 확보를 위해 할 수 있는 일은 가격을 낮추는 것 외에는 없을 것이다. 하지만 지금의 고객은 온라인으로 가장 낮은 가격의 제품을 전 세계 어디에서나 구매할 수 있다. 그리고 블로그에 제품과 서비스 품질에 대한 실망과 불평을 가득 채워나갈 것이다. 또한, 고객은 자신이 먹은 닭이 어떻게 사육되었고 쇼핑몰에서 구매한 스웨터가 어떻게 만들어졌는지 궁금해하기 시작했다.

가장 좋은 방법은 다른 기업이 하지 않는 일을 아주 잘 해내는 것이다.

잠시 로맨스 이야기로 돌아가 보자. 기업과 고객은 서로 사랑해야 한다. 그 사랑 위에서 물건을 팔고 구매하는 행위가 이뤄져야 한다. 윤리적으로나 실질적으로 판매와 관련된 이야기는 반드시 진실해야 한다. 기업은 고객에 자신을 잘 드러낼 필요가 있다. 비록 약간 멋을 부린다 해도 큰 문제가 되지는 않는다. 이것은 마치 사랑하는 사람이 데이트를 앞두고 평소보다는 좋은 옷을 고르는 것과 같다. 현실을 올바르게 반영하고 있다고 확신한다면 기업과 제품의 이야기가 약간 신화적으로 꾸며져도 괜찮다. 그러나 속임수는 안 된다. 경쟁사와 시민운동가, 그리고 정부가 무대 효과를 위한 눈속임 안개를 더는 허용하지 않기 때문이다.

기업의 광고와 마케팅 책임자는 반드시 진실해야 한다. 사람들은 특정 브랜드나 제품을 대변하는 데 인색하다. 타이거 우즈Tiger Woods도 예외는 아니다. 20~30대는 이제 더 이상 텔레비전 광고를 보지 않는다. 그늘에게 '본방 사수'는 의미가 없다. 자신이 편한 시간에 노트북 컴퓨터로 필요한 것만을 빠르게 검색해 가며 볼 뿐이다. 그들은 뉴스를 존 스튜어트Jon Stewart(역자 주: 영화배우, 방송인, 더 데일리 쇼 진행자)로부터 듣고 그 내용을 트위터로 전한다. 그리고 이들은 사회적·환경적 책임 의식이 강한 기업을 적극적으로 지지하며 두려움 없이 그 지지를 표현한다.

고객을 발굴하고 유지하는 데는 많은 비용이 든다. 앞으로 이런 현상은 더욱 심해질 것이다. 책임기업은 고객과 사랑을 나누면서 신뢰할 수 있는 이웃이나 동료 같은 존재가 되어야 한다. 옷, 음식, 주택, 교육, 예술, 스포츠, 엔터테인먼트 등 기업이 제공하는 모든 것을 고객이 사랑할 수 있도록 만들어라. 고객에 대한 구애는 전략적으로 노출되고 계량화와 테스트를 거쳐 시행돼야 함은 물론이지만, 고객과 친밀한 관계를 구축하고 나면 웬만해서는 그 관계가 깨지거나 약해지지 않는다. 당신 회사에서 발송하는 이메일을 받아 보고 즐거워하는 고객을 상상해 보라.

고객과의 관계를 지속시키는 것은 기업의 능력에 달려있다. 기업은 고객이 필요로 하는 것을 더 많이 제공하고 깊은 신뢰 관계를 만들어 나가야 한다. 책임기업이라면 해당 제품이 고객의 어떤 욕구에 부합하는지, 제품 생산 과정은 어떻게 이뤄졌는지, 제품을 얼마나 오래 사용할 수 있는지, 환경적 영향을 최소화하면서 제품을 더 오래 사용하기 위해 고객이 해야 할 행동은 무엇인지, 그리고 마지막으로 제품을 사용할 수 없게 되었을 때 고객이 어떻게 처리해야 하는지 등에 대한 정확한 정보를 제공해야 한다.

기업은 제품에 담긴 환경적·사회적 영향을 정확하게 알릴 책임이 있다.

네 번째 요소: 지역사회에 대한 책임

지역사회에는 기업 활동이 이뤄지고 있는 도시와 이웃, 이해단체뿐 아니라 블로그와 소셜 미디어와 같은 가상 공간도 포함한다.

그동안 책임기업은 지역사회에 있는 병원과 학교, 예술 단체 등에 많은 후원을 했다. 그러나 최고의 기업은 지역사회에 미치는 경제적 영향을 잘 인식하고 그 피해를 줄이기 위해 노력한다. 이런 기업은 어려운 상황에 처하더라도 일시적인 공장 폐쇄 보다는 생산량의 단계적 축소와 같은 방식으로 지역사회에 미치는 영향을 최소화하고, 해고 근로자에게도 넉넉한 퇴직금을 지급하며, 지역사회 내 다양한 기관을 통해 실업자를 지원한다.

지난 200년 동안 우리 이웃은 자본주의가 가진 불안정한 속성으로 인해 많은 상처를 받아 왔다. 풍요로운 삶을 약속한다는 유혹의 말로 소작농들을 도시로 불러들였으나 농장을 떠난 첫 번째 세대에게 주어진 것은 가난뿐이었다. 이들은 가난을 극복하고 삶의 수준을 한 단계 높였지만 다음 세대에게 같은 삶을 넘겨줄 수 있다는 확신을 갖지 못했다.

한꺼번에 밀려오는 큰 파도는 배를 잠깐 들어 올리는 동시에 이웃 마을을 물에 잠기게도 한다. 현재 벌어지고 있는 미국 중산층의 몰락이 이를 증명한다. 미국은 특히 유럽, 일본과는 달리 사회적 안전망이 취약해서 더 큰 문제가 된다. 2012년 미국에는 두 개의 극단이 존재하고 있다. 한쪽에는 거의 버려지다시피 남아 있는 중서부 지역의 황폐해진 마을과 도심이 있고, 또 다른 한쪽에는 천 달러가 넘는 와인을 주방장이 직접 따라 주는 레스토랑과 20명도 넘게 살 수 있을 만큼 큼직한 공간에 4명의 식구가 사는 대 주택(별도의 우편번호를 가진 주택)이 있다. 〈월스트리트저널〉은 미국의 소득 격차가 멕시코와 필리핀에 근접했다고 보도한 바 있으며, 프록터앤갬블Procter & Gamble은 고소득 계층 또는 하층 계층만을 대상으로 하는 제품 개발에 집중하고 있다. 중간 계층에는 큰 고객이 없다고 보는 것이다.

기업활동은 지역사회에 큰 영향을 준다. 팔로 알토 혹은 그리니치에서부터 디트로이트나 스미느라, 테네시에 이르기까지 모든 지역 시민의 삶이 해당 지역에 있는 기업과 지방정부의 의사결정에 따라 많은 영향을 받는다. 모든 기업은 스스로 다음과 같은 질문을 해야 한다. 전 세계를 무대로 사업한다면, 우리가 속해 있는 지역사회는 어디인가? 우리가 '집'이라 부르는 곳에서 반드시 지켜야 할 의무는 무엇인가?

기업을 위해 일하는 사람들이 집중적으로 모여 있는 모든 곳이 바로 우리의 집이다. 파타고니아는 벤추라, 레노, 일본의 카마쿠라, 프랑스의 안시 등이 집이며 조금 작은 단위로는 파타고니아 매장이 있는 모든 곳이 우리의 집이다. 파타고니아는 각국 현지에 위치한 매장에 매년 일정 수준의 예산을 배정하여 해당 지역 내 환경단체들을 돕는다. 지원할 환경단체를 선정하는 일은 그 지역 매장에서 일하는 직원들의 투표로 이뤄진다. 파타고니아의 경우 벤추라(82만 5000명의 인구 중 총 350명을 고용하고 있음)를 제외하고는 다른 어떤 지역에서도 비중 있는 중요한 고용주라 할 수는 없지만 우리의 사업이 그 지역의 주택, 교통, 사회기반시설, 그리고 생명체가 있는 서식지 등에 어떤 영향을 주는지 항상 염두에 두고 있다. 우리는 지역사회의 환경단체들과 의미 있는 관계를 유지하면서 해안과 계곡을 청소하고 서식지 환경을 복원하는 등의 사업을 적극적으로 벌이고 있다.

출장이나 여행을 줄이는 것은 환경적으로 반드시 필요하며 장기적으로 사업에도 긍정적인 영향을 준다. 파타고니아 역시 전 세계 각지에 퍼져 있는 공장, 매장, 협력회사, 고객, 환경단체들과의 관계 유지를 위해 사업상 장거리 출장이 불가피한 경우가 많다. 또한, 우리의 사업은 고객의 이동성에 의존하고 있다.

그러나 항공 여행 경비는 앞으로 더욱 높아질 것이다. 아니 그렇게 되어야만 한다. 항공 여행은 시간을 아껴주는 대신 엄청난 양의 연료를 소비한다. 이런 문제를 해결하기 위해 파타고니아는 가능한 범위 내에서 사업체를 한 지역에 모아 운영하기 시작했다. 이제부터라도 기업은 제조 단계별로 공장을 설립하거나 외주 생산 계약을 맺을 때 지리적 요인을 고려하고, 최종 조립라인과 가장 가까운 항구에서 반제품을 운송하도록 해야 한다. 기차와 선박 운송이 환경적으로나 경제적으로도 유익함은 두말할 나위도 없다.

다음 반세기 동안 우리가 반드시 해야 할 일은 기존의 사업 모델을 확장하는 것이 아니라 반대로 축소해 나가는 것이다. 에너지 공급의 분권화도 같은 맥락이다. 산업 발달로 누리게 된 경제적 풍요가 건강한 농업 발달로 복구될 생태계의 풍요로움보다 더 좋다는 근거는 어디에도 없다.

다섯 번째 요소: 자연에 대한 책임

이제는 기업도 지구라는 행성과 태양, 그리고 우주에 관심을 가져야 할 때이다. 경제는 자연에 의존한다. 만일 자연이 훼손된다면 그것은 곧 경제가 훼손되는 것과 같다.

자연이 우리보다 우월하다는 사실을 부정하는 사람은 없지만 우리는 정 반대로 말한다. 우리는 자연을 '자원'이라 부르며 우리 마음대로 사용할 수 있다고 생각한다. 그리고 자연을 '환경'이라 칭하며 우리를 위해 존재하는 것으로 생각한다. 우리는 또한 스스로를 '집사 steward'라 부르며 신이 자연을 지키기 위해 우리를 임명한 것으로 생각한다.

자연에 대한 우리의 첫 번째 책임은 자연 앞에 겸손해지고 자연에 대한 확고한 신념을 갖는 것이다. 우리는 자연의 일부다. 자연을 해치지 않으면서 살아가는 방법을 배워야 한다.

두 번째 책임은 언제 어디서든지 자연을 있는 그대로 두는 것이다. 우리는 한 뼘의 땅과 한 줄기 물도 인공적인 방해 없이 야생 상태 그대로 존재하도록 내버려 둬야 한다. 우리는 그동안 자연에 쓸데없는 참견을 많이 해 왔다. 이제는 이 모든 것을 되돌려 놔야 한다. 자연은 오염의 원인만 제거된다면 스스로 치유하는 힘을 갖고 있다.

자연에 대한 세 번째 책임은 일상적인 비즈니스 과정에서 행해지고 있는 나쁜 영향을 줄여나가는 것이다. 그리고 우리가 만들어 낸 것과 우리 이름이 새겨진 모든 것에 영원한 책임을 지는 것이다.

부록에 제공된 다섯 가지 점검표를 살펴보기 전에 실질적으로 적용할 수 있는 몇 가지 팁이 있다. 모든 제품의 환경적 영향은 90퍼센트 이상이 설계 단계에서 결정된다. 제품 개발에 있어 가장 중요한 도구는 제품사용주기분석이다. 이것을 제대로 하려면 많은 시간이 필요하다. 특히 제한된 자원을 가진 작은 기업의 경우 더 어렵다. 따라서 지금 우리에게 가장 중요한 것과 스스로 할 수 있는 것이 무엇인지를 정확히 파악해야 한다.

80 대 20 법칙을 적용하는 것도 방법이다. 만약 20퍼센트의 제품으로 80퍼센트의 매출이 발생한다면 이런 제품들을 먼저 분석하고 그 영향력을 파악하라. 그리고 가능하다면 소속된 산업의 기관과 협력하여 방법론과 데이터베이스, 그리고 필요한 소프트웨어를 개발하고 동종 업계와 공유하라. 이런 활동을 하는 기업은 해당 제품의 사회적·환경적 영향을 파악할 수 있고 일상적인 경영 활동에 관련된 자료를 활용할 수도 있다.

우리는 점검표를 출발점으로써 생각한다. 부록에 첨부된 점검표를 통해 다른 기업과 차별화할 수 있는 다양한 아이디어를 갖게 될 것이다. 예를 들면 소변기에 설치된 수도꼭지를 교체하는 것에서부터 재활용된 중고제품으로 만들어진 인조 벽을 사용하는 것까지 그 범위는 무궁무진하다. 에너지와 물의 사용을 줄이고 쓰레기 배출을 최소화하기 위해 필요한 평가 제도를 만들어라. 점검표 작성과 실행을 최우선 순위에 두고 아주 쉽고 비용이 적게 들며 조직 내 저항이 작은 것에서부터 시작하라.

어렵고 도전적인 목표를 세워 추진해 나가는 것에도 가치가 있다.

엄청난 용기가 필요하고 달성하기 어려운 목표를 갖는 조직은 모든 일에 최선을 다할 뿐 아니라 공급 기업과 고객, 그리고 경쟁 기업 등 모든 조직의 행동을 바꾸는 데 결정적 기여를 한다.

쉬운 것부터 추진할 경우 성취에 대한 경험과 자신감이 쌓이게 되고, 크고 어려운 일에 도전하는 경우 실패하더라도 그 경험은 조직을 더욱 강하게 만든다. 그리고 다른 조직은 당신 회사의 실패를 통해 배울 수도 있다.

역경과 실패를 두려워하지 말아라. 이런 활동을 통해 우리는 보다 친환경적이고 친사회적인 성과를 만들어 낼 수 있다.

SHARING KNOWLEDGE

6장 지식 공유는 왜 중요한가

투명성이란 책임기업이 가져야 할 중요한 덕목 중 하나
이다. 사회적·환경적으로 책임 있는 행동이 업무 영역 전체에 걸쳐 이
뤄지려면 기업 내부에서의 정보 공유가 필수적이며, 기업은 관료주의
적인 권한을 만들거나 직원들에게 새로운 책임을 부여하는 방식으로
환경 관련 업무를 진행해서는 안 된다. 모든 직원이 서로 도우며 기업
의 사회적·환경적 활동을 보다 광범위하고 상세하게 이해할 필요가
있다. 환경과 관련된 목표를 설정하고 그것을 평가하는 데 있어서도
자유롭고 투명한 분위기를 조성해야 한다. 투명하지 않으면 책임도
없다.

기업은 책임 있는 회사가 되기 위한 탐험의 과정에 외부 협력자들
을 많이 끌어들이고 관련된 정보를 공유해야 한다. 외부 협력자에는
고객, 공급 기업, 경쟁 기업, 표준과 기준을 만드는 다양한 기관, 독립

적인 감시 단체 등이 모두 포함된다. 물론 사업에 큰 영향을 주는 중요한 정보나 특허, 사업 전략, 혹은 쿠키 반죽에 들어가는 바닐라 소스의 비밀이 공유되거나 누설되어서는 안 될 것이다. 하지만 기업의 핵심 역량을 제외한 일반적인 정보를 공개하는 것은 오히려 더 좋은 결과를 가져다주기도 한다. 기업의 제조공장 목록을 공개되면 왜 안될까? 용감한 기업이 먼저 공장 목록을 외부 협력자들에게 공개하고 이로 인해 작은 성과라도 얻게 된다면, 이는 곧 성공 사례best practice로 인식되고 다른 기업들도 따라 할 것이다.

투명성이 업계 전체로 확대된다면 경쟁 관계에 있는 기업이라 할지라도 자원부족과 폐수처리, 저임금 근로자와의 분규처리 등의 문제를 서로 도우며 해결할 수 있다. 사회적·환경적 도전과 성공 사례를 더 많이 공유할수록 인간이 남긴 지구의 사회적·환경적 흔적을 줄이는데 큰 도움이 된다. 어떤 피해로부터 자연과 인류를 보호할 때, 우리는 깊은 연대감을 느낀다.

더 나아가, 한 산업 내에 속해 있는 기업이 테스크포스를 조직하여 공유 가능한 방법론을 개발한다면 이보다 더 좋을 순 없다. 독립된 감시 단체의 도움을 받는다면 기업과 관련된 자료를 비교 검토하여 어떤 문제에 대한 최선의 개선 방안을 만들어 낼 수도 있다. 지금까지 파타고니아와 함께 이런 활동을 했던 그룹(아웃도어산업협회의 워킹그룹과 지속가능성연합의류)의 사례를 살펴보면, 참여 기업들은 서로 신뢰했으며 원활한 의사소통을 통해 높은 성과를 이룬 바 있다. 지난 2년간의 활동 기간 중, 두 그룹은 더욱 높아진 사회적·환경적 기준을 만드는 데 있어 강한 의욕을 보였었다. 신뢰는 쉽게 구축되지 않는다. 우리는 지수 개발을 위해 협력하는 과정에서 서로의 장점을 섞어 나갔으며 새로운 기회를 찾아낼 수 있었다.

공급 기업과 함께 일할 때는, 그들이 가진 공통적인 문제와 비즈니스 상의 우선순위를 구분하는 작업을 병행해야 한다. 월마트는 시스템적인 개선 활동을 벌이는 과정에서 100퍼센트 재생 가능한 에너지 사용과 쓰레기 배출 제로(0), 자원과 환경을 지속가능하게 하는 제품 개발이라는 목표를 세웠다. 그리고는 제일 먼저 공급 기업을 돕자고 나섰다. 월마트는 매장 운영과 제품 운송으로 인해 발생되는 환경적 영향은 불과 10퍼센트에 불과하다는 사실을 알았기 때문이었다. 나머지 90퍼센트는 바로 공급망에서 비롯되었다. 월마트는 제품 생산과 소비 과정에 관한 이해가 부족한 상태에서 자사의 이름으로 행해지고 있는 환경적 피해에 대해 무지했음을 깨달았다. 포장지의 제거나 운송 차량의 엔진 공회전 금지는 전체 공급망에서 사용되고 있는 에너지와 물, 그리고 쓰레기를 줄이는 것과 비교하면 새 발의 피에 불과했다.

우리 사회는 포스트컨슈머리즘 사회에 진입하고 있다. 소비 중심 경제는 이미 포화상태에 이르러, 더 이상 양질의 직업을 제공하지 못한다. 수많은 책임기업의 원칙에 입각한 행동들은 어쩌면 새로운 경제시스템의 출현을 예고하고 있는 것일지도 모른다. 새로운 경제시스템에서는 자연과 공유자원을 훼손하지 않으면서도 인류의 욕구를 충족시킬 수 있을 것이다.

이런 활동들이 하늘을 더 파랗게 만들어 주지는 않을까?

자, 이제 우리 이야기로 돌아가 보자. 파타고니아가 완전히 투명한 기업이라고 장담할 수는 없다. 그리고 우리가 통제할 수 없는 문제들도 많았다. 우리는 관행적으로 재배되는 목화가 얼마나 해로운지를 알고는 무척 괴로웠다. 원재료를 유기농법으로 재배된 목화로 바꾸기 위해서는 어떤 일을 더 해야 하는지 잘 몰랐다. 하지만 우리는 하나씩 바꿔 나갔다. 이제는 더 이상 해롭고 화학적인 방식으로 재배된 목화를 사용할 이유가 없어졌다.

클린턴 대통령이 만든 '노동력 착취에 관한 테스크포스'에 참여했을 때, 우리는 회사 내부에 어떤 문제가 있었는지 제대로 알지 못했다. 공정노동위원회가 제공하는 독립적인 검증서비스를 받으면서 혼자서는 아무 것도 할 수 없음을 알았다. 그건 누구에게나 마찬가지였다. 가끔 중요한 문제를 해결하기 위해 우리가 반드시 알아야하는 것이 생길 때마다, 우리는 외부의 도움을 받아야만 했다. 파타고니아에는 면직물과 관련된 과학자가 있었지만 염색공장과 면직물 제조기업의 감사에 필요한 화학약품의 독성 관련 정보를 내부에서 얻을 수는 없었다. 필요한 전문가를 확보한 블루사인테크놀로지 Bluesign Technologies

와의 협력이 필요했다.

투명성에 관한 우리의 노력은 더욱 활기를 띠기 시작했다. 곧이어 발자국 연대기(footprint chronicles)가 우리를 압박했다. 아빈(Arvind)은 유기농 목화협동조합과 계약한 인도의 대규모 수직 계열화 기업으로, 목화를 수확한 후 자체 공장에서 실을 뽑아 청바지를 만들어 공급한다. 아빈과 일을 시작하면서 우리는 스스로 한 가지 규칙을 어겼다. 첫 주문을 하기 전에 반드시 공장을 방문하여 근로 환경을 파악해야 했었는데 그것을 하지 못했다. 당시 사회책임 담당 임원이 회사를 그만둔 상태에서 후임자를 임명하지 못했고 아빈의 평판도 좋았다. 그래서 스스로 타협을 하고 만 것이다. 어쨌든 문제를 해결해야만 했다. 새로운 책임자가 인도로 향하고 있을 때, 생산은 이미 시작되었다. 새로운 책임자는 파타고니아의 행동 강령에 어긋나는 몇 가지 관행을 찾아냈다. 약품 주위에 널려진 물건들, 철책이 설치되지 않은 폐수 처리장, 도난 방지를 위해 응급처리함을 봉해 놓은 것 등은 사소한 문제였고 일부는 아주 중요했으며, 또 일부는 문화적 차이 때문에 발생한 것이기도 했다. 우리는 아빈 관계자들을 만나 이번 방문 결과를 우리의 웹사이트(발자국 연대기)에 올리겠다는 의사를 밝혔다. 아빈은 동의했다.

제품의 품질 향상에 있어서 관리자의 역할은 아주 중요하다. 관리자는 바느질을 담당하는 직원의 일을 책임 있게 훈련해야 하기 때문이다. 공급망을 점검하는 과정에서 우리는 공급 기업에서 일하고 있는 관리자들을 더 잘 알게 되었다. 이제는 공급 기업이 무슨 일을 어떻게 하며, 일하면서 어떤 어려움을 겪게 될 것인지 알 수 있다. 신뢰는 제대로 아는 것에서 비롯된다. 신뢰가 쌓이면 모든 문제를 나 혼자가 아닌 공급 기업의 직원들과 함께 해결해 나갈 수 있다. 모든 정보를 공개하는 투명한 정책 덕분에 공급 기업은 파타고니아의 엄격한 기준을 진정성 있게 받아들였다. 이런 관계는 결국 고객에게 더 많은 정보를 제공하는데 도움이 된다.

지금의 고객은 과거와 다르다. 자신이 소비하는 물건에 대한 관심이 높아졌다. 고객은 제품 생산 직원이 정당한 대우를 받고 있는지, 또 안전한 환경에서 일하고 있는지 알고 싶어한다. 고객은 또한 환경을 오염시켜가며 만든 제품인지 아닌지도 알고 싶어하며 기업의 사회적·환경적 기준과 성과를 다른 기업과 비교한 자료에 관심을 갖는다.

투명성은 긍정적 변화를 위한 필수조건이지만 충분조건은 아니다. 파타고니아가 튼튼하고 오래가는 소형 배낭을 개발하자 불티나게 잘 팔려나갔다. 그러나 원가를 산정하는 데 있어서 환경에 대한 피해를 고려하지 않고 매출 증가와 이익 극대화만을 고려했음을 알게 되었다. 오랜 과거에 했던 것처럼 이 소형 배낭에 재활용 면직물을 사용하지 않았던 것이다. 그래서 웹사이트에 이같은 사실을 고백했다. 결과는? 예상과는 달리 고객의 불평은 없었고 판매도 꾸준히 유지되었다. 하지만 디자이너들은 자신의 과오를 부끄러워하면서 제품의 품질을 유지하면서도 환경 친화적인 면직물 개발에 매달리게 되었다. 부끄러운 상황이나 경험이 매번 행동을 변화시키지는 않는다. 하지만 투명성은 옳은 일을 할 수 있는 분명한 이유를 알려주고 여러 가지 저항하기 힘든 장애 요인을 없애 주기도 한다. 파타고니아가 환경적 영향을 최대한 줄이면서 소형 배낭의 품질을 개선하기 위해 디자이너에게 요구한 것은 투명성뿐만이 아니었다. 디자이너들은 매출을 유지하면서 소형 배낭에 환경적 가치를 스며들게 해야만 했다. 쉽지 않은 일이었지만 우리는 투명성을 통한 긍정적 변화라는 강점을 살려 하나씩 이뤄나갔다.

WHERE TO FROM HERE?
7장 기업은 이제 어디로 갈 것인가

WHERE TO FROM HERE?

한번 옳은 일을 한 사람은 옳은 일을 계속하려고 한다.

모든 직원의 지적 능력과 창의력을 제대로 활용하여 환경 피해를 줄여나가는 기업은 앞으로 큰 혜택을 누리게 될 것이다. 이들 기업은 빠르게 상승하고 있는 다양한 비용(에너지와 물, 그리고 폐기물 처리 등에 소요되는 비용) 절감이라는 실질적인 이득을 얻게 된다.

중소기업은 대기업이 하는 방식 대로 따라할 것이 아니라 대기업이 하기 힘든 유연한 활동에 집중해야 한다. 중소기업보다는 비교적 큰 일을 할 수 있는 대기업은 전체 산업에 영향을 줄 수 있는 활동에 관심을 갖는게 좋다.

기업 내 모든 임직원에게 영향을 줄 수 있는 리더십을 발휘하기 위해서는 점진적인 개선 방법과 함께 깜짝 놀랄 만큼의 과감한 방법으로 동기부여 할 것을 권한다. 일반적으로 인정된 방법을 넘어선 과감한 조치는 제품과 서비스 개발에 보다 강한 책임감을 느끼게 만들기 때문이다.

가만히 앉아서 이뤄지는 것은 없다. 기업 문화가 보수적이라 해도 조직 내 개인의 사회적·환경적 책임이 무엇인지 스스로 물어라. 그 질문에 답하고 최선을 다해 행동하라.

환경 위기는 노동 위기를 동시에 가져왔다. 선진국 경제는 더 이상 높은 보수가 제공되는 양질의 일자리들을 충분히 만들어내지 못하고 있으며, 그 일자리조차도 안정적으로 유지되지 못하고 있다. 우리는 더욱 작은 기업, 더욱 신중하고 세심하게 운영되는 기업, 그리고 환경에 대한 더욱 높은 책임 의식을 가진 기업들에 의해 만들어지는 새로운 경제시스템을 필요로 한다. 더는 허비할 시간이 없다.

해야 할 일이 많은 만큼 우리가 할 수 있는 일도 많다. 사람들의 반대가 가장 적고 협력을 쉽게 이끌어 낼 수 있는 일부터 시작하라. 경쟁자라고 배제하지 말고 함께 할 수 있는 모든 사람을 동참시켜라. 먼저 당신이 속해있는 조직을 충분히 이해한 다음 동료와 관련 기업, 그리고 지역사회 등과 깊은 유대관계를 형성해 나간다면 그 조직은 당신 덕분에 더욱 건강해질 것이다. 자신과 동료들에게 "왜 더 일찍 이런 일을 하지 않았을까?"라는 질문을 던져라. 그 질문이 바로 우리가 해야 할 일을 제대로 하고 있음을 알려주는 지표가 된다.

책임기업을 위한
자가 진단 점검표

범용적으로 사용할 수 있는 점검표를 개발하기란 쉽지 않았다. 서로 다른 문화와 시설을 가진 기업 들의 요구를 맞추기가 어려웠기 때문이다. 그래서 목록을 가급적 상세하게 만들었다. 몇 년 앞을 내다보고 에너지 절약을 위한 체계적인 정책을 만드는 것이 바람직하긴 하지만, 정책이 불필요한 형광등을 꺼주지는 않는다.

이 점검표 상의 모든 기준을 충족하는 기업은 아마 존재하지 않을 수도 있다. 하지만 반드시 항목별로 직접 점검해야 한다. 그래야만 앞으로 해야 할 일과 계획을 세울 수 있기 때문이다.

목록 1. 기업의 건전성

기업 규모와 상관없이 적용되는 기본적인 재무상태

- [ ] 이사회에 1명 이상의 외부 이사가 존재하며, 경영진 보상에 대한 감시와 감독이 제대로 이뤄지고 있는가?
- [ ] 재무 정보를 모든 직원과 공유하고 있는가? 직원 모두가 재무 정보를 충분히 이해하고 있는가?
- [ ] 공금 횡령을 예방할 수 있는 재무 통제가 제대로 이뤄지고 있는가?

□ 재무제표에 관한 이사회 검토와 독립 회계법인의 감사가 이뤄지고 있는가?

□ 사회적·환경적 피해를 줄이기 위한 선언이 사명에 포함되어 있는가?

□ 사회적·환경적 피해를 줄이기 위한 정보가 이해집단과 원활하게 공유되고 있는가?

□ 사회적·환경적 피해를 줄이기 위한 직원 교육 프로그램이 있는가?

□ 사회적·환경적 피해를 줄이기 위한 기업 활동과 성과를 측정하는 직원(비정규직이라도)이 있는가?

항목 2. 직원

기업 규모와 상관없이 적용되는 급여, 복리후생, 기타 정책

□ 모든 직원에게 최저 생활비 이상의 급여를 제공하고 있는가? 그렇지 못하다면 언제쯤이면 가능할 것으로 보는가?

□ 현재 직원 급여가 시장 수준 정도인지, 시장 수준 이상인지, 시장 수준 이하인지를 파악하라. 시장 수준 이하의 급여를 지급하고 있다는 것은 경쟁사가 언제든지 당신 회사의 인재

를 빼갈 수 있음을 의미한다.

☐ 회사 내에서 가장 높은 급여를 받고 있는 직원과 가장 낮은 급여를 받고 있는 정규직 직원의 급여 차이를 계산하라. 그리고 업계 평균과 비교하여 그 차이를 줄일 수 있는 구체적인 계획을 세워라.

☐ 직원의 자연 감소율을 계산해서 동종 업계 다른 회사와 비교하라. 비율이 높지 않게 나오면 그 원인을 파악하고 개선 계획을 세워라.

☐ 공석이 생겼을 때, 내부에서 충원되는 비율을 계산하라. 외부 충원이 잦다면, 내부 교육훈련 프로그램을 제대로 구축하라.

☐ 가능한 많은 직원에게 보너스를 지급하여 회사 목표 달성을 위한 광범위한 지지를 확보하라.

☐ 미국처럼 정부가 보장해주는 보험제도가 취약한 나라에서 기업 활동을 할 경우, 정규직과 비정규직 직원 모두에게 건강 보험을 제공하라.

☐ 직원 가족과 현지 파트너에게도 실비로 보장되는 건강보험을 제공하라.

☐ 6개월 이상 근무한 직원에게는 은퇴 연금을 제공하라.

☐ 은퇴 연금 지급을 위한 회사 부담금을 넉넉하게 잡아 직원의 참여를 독려하라.

☐ 직장 내 모든 계층에 있어서 다양성과 성비의 균형은 꽹장

히 중요하다. 이것은 근시안적이며 편협한 경영을 막아준다.

☐ 가능한 많은 직급의 직원에게 주식매수선택권stock option이나 이와 유사한 회사 소유권을 제공하라.

☐ 휴가를 넉넉하게 제공하라. 최소 6개월 근무한 직원에게는 1주일, 1년 근무한 직원에게는 2주 정도의 휴가를 제공하며 가능하다면 1년에 3~4주 정도의 휴가를 제공하라.

☐ 질병이나 개인적인 사유를 위한 유급휴가를 제공하라. 예를 들면 가족이나 친지의 사망, 혹은 아픈 아이를 돌보기 위한 휴가 등이 필요하다.

☐ 출산을 앞둔 부모 모두에게 유급 휴가를 최소한 90일씩 제공하라.

☐ 타당하다고 판단되면 파트타임 근무나 탄력 출퇴근 제도, 재택근무 등의 기회를 제공하라.

☐ 회사 내 샤워 부스를 설치하여 점심시간에 운동하거나 자전거로 출퇴근 하는 직원을 배려하라.

☐ 회사와 가까운 곳에 괜찮은 보육시설 또는 어린이집이 있는지 파악하고 이곳과 관계를 유지하라.

☐ 건강과 안전시설의 경우 정부 혹은 국제 기준에 맞춰라.

☐ 장애인들을 위한 시설도 정부 혹은 국제 기준에 맞춰라.

직원이 50명 이상인 기업에 적용되는 급여, 복리후생 및 기타 정책

☐ 정규직 직원 또는 장기근속 직원에게는 추가적인 산재 보험이나, 치아 보험, 시력 보험 등을 제공하라.

☐ 카페나 요리가 가능한 공간을 확보하라. 여의치 않다면 직원들이 먹고 쉴 수 있는 전용 공간을 확보하라.

☐ 가능하다면 회사 내에 탁아시설을 확보하라(여의치 않다면 회사 인근의 탁아시설과 계약을 체결하여 탁아 서비스를 제공하라).

☐ 탄소배출량 억제를 위해 대중교통이나, 도보, 자전거를 이용하여 출근하거나 출장 가는 직원에게 보조금을 지급하라.

☐ 모든 계층의 직원에게 유상 교육훈련 프로그램을 제공하거나 보조금 지급하라.

☐ 직원이 비영리기구에서 자신의 재능을 기부할 수 있도록 직원에게 1주일에서 1개월 정도의 인턴십 기회를 제공하라.

☐ 오랫동안 근무한 경영자나 창의적인 업무를 하는 직원들에게는 과중한 업무 부담에서 벗어날 수 있도록 유급 안식년을 제공하라.

☐ 2년 이상 근무한 후 회사를 떠나는 직원에게는 퇴직금을 지급하고 이 같은 사실을 고용 지침에 명기하라.

☐ 칸막이로 가둬진 비인간적인 좁은 방들을 모두 없애고 자연 채광을 활용하라.

기업 규모와 상관없이 적용되는 커뮤니케이션

☐ 기업 사명과 복지 혜택이 상세하게 적혀 있는 고용 지침서를 발행하라. 여기에는 윤리 기준, 인종 차별과 성희롱 금지 정책, 보복에 대한 두려움 없이 회사 내 부당한 대우를 밝힐 수 있는 권리 등이 포함되어 있어야 한다.

☐ 매년 전 직원을 대상으로 직무 만족도를 조사하고 이를 계량화하여 그 결과를 공유하라.

☐ 모든 관리자에게 부하직원에 대한 연간 성과 평가서를 작성하게 하라. 관리자는 피평가자의 동료와 회사 내 주요 협력 상대들과 상담을 통해, 연간 사업목표(사회적·환경적 성과 목표 포함)를 설정하고 교육훈련 계획을 수립해야 한다.

☐ 제조 및 창고 시설의 경우, 재해로 인한 시간적 손실을 파악하라.

항목 3. 고객

기업 규모와 상관없이 적용되는 정책

☐ 내구성이 뛰어난 제품을 만들고 부속품은 항상 수리해서 사

용할 수 있도록 하라.

- [ ] 소비자가 인식할 수 있는 혜택이 최소한 하나 이상 존재하는 유용한 제품만을 만들어라.
- [ ] 공유자원에 혜택이 돌아갈 수 있는 제품을 만들어라.
- [ ] 신체적 건강 혹은 건강한 활동에 도움이 되는 제품을 만들어라(예를 들면, 유기농 음식, 산악용 자전거 등).
- [ ] 예술 혹은 과학적 활동에 도움이 되는 제품을 만들어라(예를 들면, 피아노 혹은 천체 망원경 등).
- [ ] 다용도 제품을 만들어라.
- [ ] 제품에 붙어있는 불필요한 옵션을 억제하라(색상이나 액세서리 등 과도한 옵션).
- [ ] 환경에 해로운 제품을 대체할 친환경 제품을 만들어라.
- [ ] 환경 피해를 줄이기 위해 제3자가 감시할 수 있는 제조 방식을 선택하라.
- [ ] 생산 제품에 대한 사회적·환경적 영향을 투명하게 공개하라. 업계 내에서 인정받고 있는 제조업 관련 기준이 있다면 적극적으로 적용하라.
- [ ] 생산 제품에 대해 조건 없이 보증하라.
- [ ] 충분한 서비스를 제공하기 위해 노력하라. 더 이상 필요 없다고 생각되는 것이 누군가에게는 필요할 수도 있다. 그런 것들을 기부하라. 기부를 하면 세제혜택도 누릴 수 있다.

기업 규모와 상관없이 적용되는 지역사회 기여 활동

☐ 가능하면 해당 지역 내 은행을 이용하라(당신이 알고, 당신을 알고 있는 그런 은행).

☐ 지역사회에서 낮은 급여를 받고 있는 사람들에게 더 많은 기회를 제공하라.

☐ 육체적 혹은 학습 능력에 장애를 가진 사람들에게 적당한 일자리를 제공하라.

☐ 지역사회에 기여할 수 있는 정책을 세워라. 그리고 성과를 측정하라.

☐ 직원에게 자원봉사활동을 조직화하도록 격려하라.

☐ 지역사회에 속해 있는 단체들과 파트너십을 형성하여 환경과 대중에게 이익이 되는 활동을 벌여라.

☐ 회사 내 시설을 개방하여 업무 외 시간에 지역사회 단체들이 사용할 수 있게 하라.

☐ 가능하면 자선 재단을 설립하라. 재단을 설립하기에는 회사 규모가 너무 작다면, 지역사회를 위해 차별화된 방식의 자선활동을 조직하라.

☐ 공식적인 자선단체에 정기적으로 기부하라.

공급 기업

☐ 총 구매 가운데 80퍼센트 이상을 차지하는 주요 공급 기업을 구분하여 이들을 정기적으로 만나 공급 제품의 품질과 관계 유지에 필요한 정책들을 협의하라.

☐ 공급 기업과의 거래에 필요한 윤리 기준을 만들고 유지하라.

☐ 기업의 사명과 사회적·환경적 기준에 대해 공급 기업과 서면으로 소통하라.

☐ 기업의 사회적·환경적 기준을 식별할 수 있는 행동 기준을 작성하라. 그리고 공급 기업의 작업 현장에 그 기준을 붙여 놓고 일하도록 요구하라.

☐ 주요 공급 기업을 위한 사회적·환경적 기준을 작성하라.

☐ 그런 기준이 적합한지를 제3자가 검증하도록 하라. 성실하게 일하는 공급 기업이 그 기준에 부합하지 못한다면 사회적·환경적 목표와 품질 목표를 설정하고 이를 지속적으로 달성할 수 있도록 독려하라. 이런 목표는 서로의 노력으로 달성할 수 있다. 성과를 반드시 평가하라.

☐ 사회적·환경적 성과에서 개선이 일어나면 다른 기업들과 그 정보를 공유하여 동종 업계 내의 다른 기업이 당신 회사의 사례를 따라갈 수 있게 만들어라.

☐ 주요 공급 기업에 재생 가능한 에너지를 사용하도록 독려하

고 목표를 설정하며 사용량을 측정하라.

☐ 주요 공급 기업의 온실가스 배출량을 측정하고 줄이도록 독려하라.

☐ 주요 공급 기업의 쓰레기 배출량을 줄이면 매립과 소각의 양을 낮아진다. 그 과정을 측정하라.

☐ 주요 공급 기업의 물 사용량을 줄이기 위한 대책(물의 재사용 대책 포함)을 세우도록 독려하라.

☐ 주요 공급 기업의 폐수 재생 시스템 사용을 강제하라.

☐ 적합한 단체와 협력하여 업계의 기준을 만들고 사회적·환경적 피해를 줄여 소비자에게 제품에 대한 환경적 영향을 알려라.

항목 5. 자연

이 목록은 농업에서부터 서비스업에 이르기까지 모든 업종의 기업이 활용할 수 있도록 개발되었지만, 여전히 완벽하지는 않다. 여기서는 다음과 같은 범주로 항목을 나눴다. 1) 일반적인 팁과 설계상 팁 2) 에너지, 물, 쓰레기, 그리고 독성물질의 감소 3) 건설, 사무실, 구내식당, 조경을 위한 팁. 우리는 반복되는 것을 줄이기 위해 노력했지만 일부 아이템들은 불가피하게 1개 이상의 범주에 포함되어 있기도 하다.

일반적인 팁

☐ 에너지와 물의 사용, 쓰레기 배출과 관련된 독립적인 감시
기구를 설치하라. 전기, 상·하수도, 폐기물 처리 등 유틸리티
서비스를 제공하는 회사가 도움을 줄 수 있다.

☐ 탄소 인벤토리를 사용하라.

☐ 에너지와 물, 탄소의 사용, 그리고 쓰레기의 배출 등에 대한
절감 목표를 설정하고 그 성과를 측정하라.

☐ 위의 결과를 이사회와 직원, 이 같은 활동과 관련된 다른 기
업과 공유하라. 공유 방법에는 직원과의 일상적인 미팅, 회사
의 사보와 뉴스레터, 제안 프로그램, 직원 업무 지침서, 그리
고 신규 채용직원의 오리엔테이션 등이 포함된다.

☐ 주요 공급 기업과 사업상 파트너, 그리고 고객과 함께 환경
적 영향을 줄이기 위한 일을 시작하라

☐ 사업 단위별로 환경자원을 전담 관리하는 직원을 임명하라.
그렇지만 환경적 관료주의를 만들어서는 안 된다. 환경 관리
부서를 PR 혹은 마케팅 부서의 하부 조직으로 두어서도 안
된다.

☐ 직무 기술서와 성과 평가에 환경 목표를 포함해라.

☐ 80퍼센트 이상 판매되고 있는 제품에 대해 가능한 한 빨리

수명주기평가life-cycle assessment, LCA를 실시하라.

☐ 제품 생산을 위해 사용되는 주요 원재료에 독성이 있는지를 감시하는 독립 기구를 만들고 제조 과정을 점검하라.

☐ 재활용 및 생분해 소재의 제품 사용을 늘리는 목표를 세운 후, 그 성과를 측정하라.

☐ 제품 포장을 줄이는 목표를 세워라.

☐ 제품 운송과 관련한 독립 감시 기구를 설립하여 항공 및 육상 운송 거리를 줄이고 철도나 해상 운송을 늘리도록 하라. 에너지 효율을 높이고 에너지의 사용과 공해를 줄여라.

☐ 업계에 소속된 단체와 협력하여 해당 기업의 전산 자원과 통합된 환경 영향 평가도구를 만들어라.

☐ 망가지거나 못쓰게 된 제품을 회수하여 재활용하고 협력업체도 함께 하도록 독려하라.

설계 팁

☐ 재생 가능한 부품을 활용하여 오래 사용할 수 있는 좋은 품질의 제품을 설계하라. 녹색 제품은 소비자가 쉽게 대체하려고 하지 않는 제품을 의미한다.

☐ 가능한 한 자주, 그리고 많이 사용할 수 있는 제품을 설계하라.

☐ 가능한 한 많이 재활용 소재가 포함되도록 설계하라.

- [ ] 부품이 고르게 마모되고 쉽게 대체될 수 있도록 제품을 설계하여 부품 하나 때문에 전체 제품을 버리고 새로운 제품을 구매하지 않도록 하라.
- [ ] 재활용이 쉽게 제품을 설계하라. 그리고 가능하다면 폐기되는 제품을 활용하여 같은 가치를 가진 제품을 만들도록(속옷을 재활용하여 카펫의 안감으로 사용하는 것이 아니라 다시 속옷을 만들 수 있도록) 설계하라.
- [ ] 포장을 최소화하도록 제품을 설계하라.

에너지 소비 감축

일반적인 팁

- [ ] 에너지 사용량을 잘 모니터링하면, 유지보수에 필요한 항목들을 구분해낼 수 있다.
- [ ] 재생 에너지 크레딧credit을 구매하여 출장과 에너지 사용에 따른 온실가스 배출을 상쇄시켜라.
- [ ] 유틸리티 회사로부터 재생 에너지를 구매하라.

출퇴근과 출장

- [ ] 출장을 줄여라.
- [ ] 출장에 대한 기준을 설정하라. 모든 종류의 사업상 출장을

유형별로 정해 우선순위를 매겨라. 항공기를 이용하여 출장을 갈 경우 일등석이나 비즈니스석을 이용하면 환경비용이 급격하게 높아진다.

- [ ] 비디오를 이용한 화상회의 시스템을 구축하라. 제대로 작동되는지 항상 점검하고 사용에 필요한 교육을 직원에게 충분히 시켜라.

- [ ] 기업 소유 차량을 천연가스차나 배기가스 배출량이 낮은 것으로 교체하라.

- [ ] 출근할 때 밴 차량을 이용한 합승 프로그램을 만들어라.

- [ ] 직원에게 버스나 기차, 카풀, 자전거, 도보 등의 이용을 권하라.

- [ ] 가능하다면 대체교통수단을 이용하는 직원에게 보조금을 지급하라.

- [ ] 사내 정보통신망에 카풀 정거장 자전거 도로 지도, 대중교통 시간표, 지도 등을 올려라.

- [ ] 재택근무의 기회와 탄력 출퇴근 시간제를 제공하라.

- [ ] 자전거로 출퇴근하는 직원들을 위해 옷 보관함과 샤워부스를 제공하라.

- [ ] 직원과 고객을 위해 안전한 자전거 보관소를 제공하라.

- [ ] 임대용 자전거를 제공하여 직원이 개인적인 잡무를 처리하거나 병원에 갈 때 개인용 차를 가져가지 못 하게 하여라.

☐ 전기차를 이용하는 직원과 방문객을 위해 전기 충전 포트를 설치하라.

☐ 시간제 렌터카 사용을 쉽게 만들어 차를 잠깐 사용하기 위해 회사로 차를 가져오는 일이 없도록 하라.

냉난방

☐ 냉난방 통기관을 정비하는 간단한 작업만으로도 에너지 사용 효율을 5퍼센트에서 최고 10퍼센트까지 높일 수 있다.

☐ 천장 선풍기를 사용할 경우 중앙에서 공급되는 에어컨 시스템보다 최고 98퍼센트까지 에너지를 절약할 수 있다.

☐ 천연가스를 이용하여 난방할 경우 전기보다 최고 55퍼센트까지 효율을 높일 수 있다.

☐ 태양 전지판이나 풍력 발전시설과 같은 재생 가능한 에너지 시설을 설치하라.

☐ 365일 프로그램으로 작동되는 자동온도조절장치를 이용하여 냉난방 시설을 관리하라.

☐ 여건이 허락한다면 지열 히트 펌프를 설치하라.

☐ 필요하다면 이중창문을 설치하라.

☐ 냉각기에는 증발식 냉방장치가 부착된 보조 에어컨 시스템을 사용하라.

- [ ] 공기 순환을 높이기 위해 에어컨에 부착된 이코노마이저를 활용하라.

- [ ] 에어컨과 난방 조절을 위해 이산화탄소 감지 센서를 사용하라. 이 같은 장비는 인터넷에서 싼 가격으로 구매할 수 있다.

- [ ] 냉난방 및 환기 장치(특히 옥상에 있다면)에 필요한 그늘막을 설치하라.

- [ ] 태양 빛 노출이 심한 창이나 벽에는 그늘막을 설치하라. 차양이나 차단막, 차단 나무 혹은 관목을 활용할 수도 있다.

- [ ] 유리창에는 필름을 입혀 태양열을 줄여라. 남향일 경우 이중 유리창이 필요 없을 수도 있다.

- [ ] 자동온도조절장치를 20에서 25도로 맞추고, 야간에는 특별한 모드로 전환하라. 만일 실내 온도를 자동으로 통제할 수 없다면 누군가에게 반드시 시켜라. 편지나 이메일을 써서 이런 노력을 통해 얼마나 많은 돈을 절약할 수 있는지 공유하라.

- [ ] 사용되지 않는 공간은 출입을 차단하라. 불필요한 창문은 봉쇄하고 단열 처리하라.

- [ ] 업무 외 시간에는 사무실 전체를 냉난방하는 대신 작은 선풍기나 난로를 사용하게 하라. 1년에 최소한 2회는 냉난방 및 공조 시스템을 정기적으로 점검하라. 설비의 성능을 최적화하고 오래 사용하기 위해 최소한 두 달에 한 번은 필터를 교

환하라. 일 년에 1회, 전체 시스템을 정비 또는 청소하고 공기 흡입 및 통풍구에 장애물이 있는지, 덕트는 바르게 밀봉되어 있는지, 부동액이 새는 것은 아닌지 점검하라. 콘덴서 코일에 붙어 있는 먼지나 보푸라기를 깨끗하게 제거하고 증발기 코일에 서리가 많이 끼지 않도록 점검하라. 냉방 시스템 절약장치를 점검하고 보수하라.

- [ ] 창문과 문에 문풍지를 붙여 냉난방 효율을 높여라
- [ ] 모든 온수 파이프에 단열처리를 해라.
- [ ] 사용하는 순간에만 물이 더워지는 순간 온수기를 활용하라.
- [ ] 태양 온수기 혹은 태양 예비가열기를 활용하라.
- [ ] 빌딩 외관이나 지붕에 페인트 칠을 할 경우 태양 빛을 더 많이 반사할 수 있는 밝은색의 페인트를 골라라.
- [ ] 지붕에 정원을 만들어라.

조명

- [ ] 타이머와 같은 자동 작동 장치를 조명기구에 달고 지속해서 유지 보수하라.
- [ ] 백열등이나 형광등을 에너지 효율이 높은 것 혹은 LED 조명으로 바꿔라.
- [ ] 조명 시설의 효율을 높이기 위해 광 반사경이나 광 확산장

치를 활용하라.

☐ 사람의 동작을 감지하여 꺼지고 켜지는 조명장치를 활용하라. 사람의 이동이 적은 곳에는 타이머를 설치하라.

☐ 시간 조절장치, 광전지, 센서 등을 잘 정비하여 계절에 맞게 운영하라.

☐ 전체 시설을 밝히는 대신 작업 공간에 한정하여 조명 시설을 운영하라.

☐ 야간 근무를 하는 경비원에게는 소등 업무를 본연의 업무에 포함하라(조명은 범죄 예방 효과가 없다).

☐ 자연채광을 최대한 활용하라. 외부 조명의 경우 타이머 조절장치를 부착하라.

☐ 조명 기구, 빛 확산기, 전등 등을 깨끗하게 닦아, 최고의 효율을 내게 하라(먼지를 제거함으로써 최대 50퍼센트까지 효율이 높아진다).

물 사용을 줄여라

☐ 물 공급 기업과 협의하여 가장 적절한 '물 예산' 시스템을 개발하라.

☐ 물 사용량을 잘 모니터링하라.

☐ 청소에 대한 기준과 물 절약 계획을 만들어 붙여 놓아라.

실내

☐ 절수(節水)형 변기, 소변기, 수도꼭지, 샤워기 등을 설치하라.

☐ 정기적으로 누수를 확인하고 점검하며 정비하라. 변기 물탱크에서 물이 새는 것을 막기 위해 수도회사에서 제공하는 장비를 활용하라. 수도꼭지 하나에서 천천히 물이 새도 그것이 모이면 하루에 10갤런 이상 될 수 있으며, 변기에서 물이 샐 경우 하루 1000갤런 이상의 물이 낭비될 수 있다.

☐ 유량(물이 흐르는 양) 조절이 가능한 수도꼭지와 샤워기를 설치하여 부엌과 작업실, 샤워실, 화장실 등 각각의 장소에 적합한 유량을 공급하게 하라.

☐ 물을 사용하지 않는 소변기를 설치하라.

☐ 자동으로 잠기는 수도꼭지를 설치하라.

☐ 물을 뿌려 청소하는 대신 젖은 대걸레나 마른걸레로 바닥을 청소하라.

☐ 창문 청소 주기를 '정기적'에서 '필요한 경우'로 바꿔라.

☐ 수압저감밸브를 설치하여 수압을 적절하게 조절하라.

☐ 에어컨과 같은 수랭식 설비를 공랭식 혹은 지열펌프 등으로 교체하라.

실외

☐ 빗물 회수 시스템을 설치하여 물을 확보하라.

- [ ] 중수도(부엌, 욕실 등)를 활용하라.
- [ ] 날씨, 식물의 종류, 기타 환경에 따라 스스로 조절 가능한 물 공급 시스템을 설치하라.
- [ ] 강우량에 맞춰서 작동되는 스프링클러를 설치하여 실외 필요한 곳에 물을 공급하라.
- [ ] 물 공급 시 호수로 뿌리는 것보다 똑똑 떨어지는 시스템을 활용하라.
- [ ] 대용량으로 물이 공급되는 곳에는 항상 계량기를 설치하라.
- [ ] 정기적으로 물 공급 시스템을 점검하라.
- [ ] 1년에 최소한 4회 이상 스프링클러를 점검하여 필요한 지역에 제대로 작동되고 있는지 확인하라. 스프링클러 노즐과 꼭지, 호스, 밸브 등이 파손되거나 깨진 곳은 없는지 확인하라.
- [ ] 비슷한 양의 물이 필요한 식물끼리 모아두고 물을 공급하라.
- [ ] 비가 오면 물 공급이 자동으로 중단되는 시스템을 설치하라.
- [ ] 물 공급 시스템에 적용되는 전체 수압을 적절하게 유지하라.
- [ ] 식물에는 동트기 전에 물을 줘서 증발로 인한 물의 손실을 줄여라.
- [ ] 잔디를 심을 경우 가뭄에 잘 견디는 종을 골라라.
- [ ] 딱딱한 외부 시설물을 청소할 때는 건식 청소법을 활용하고 직원이 볼 수 있는 곳에 설명서를 부착해 놓아라.
- [ ] 주차장 바닥을 포장할 때는 물이 침투 가능한 콘크리트를 활

용하라.

쓰레기 배출량 감축

☐ 쓰레기 매립과 소각을 제로(0)로 만드는 목표를 설정하라.

☐ 쓰레기 배출량을 줄이고 환경 기준에 맞는 제품 구매를 위해 구매 활동을 중앙에서 통제하라

☐ 쓰레기통에 버릴 수 있는 것과 없는 것을 현지 언어로 분명하게 표기하라.

☐ 쓰레기통을 정기적으로 점검해서 제대로 분류되고 있는지 확인하라.

☐ 판지, 종이, 플라스틱, 유리, 철 등은 반드시 재활용하라.

독성 물질 배출량 감축

☐ 독성 물질이 낮은 청소 제품을 사용하라.

☐ 화학제품(세제, 살충제, 페인트 등)의 사용을 줄여라.

☐ 세제류, 빌딩 유지 보수에 필요한 재료, 살충제, 농약, 비료 등 모든 화학제품에 라벨을 붙이고 관리장부를 만들어 기록한 후, 상호 점검하라. 대체 가능한 안전 제품을 파악하라. 유독성 혹은 발암물질이 담긴 제품의 사용을 금지하라.

- [ ] 해로운 폐기물은 반드시 유해물 처리 센터에 버려라. 가전제품 폐기물(형광등, 전자 기기, 배터리 등)은 법에 정해진 대로 재활용하라.
- [ ] 유해할 수도 있는 물질은 안전하게 보관하고, 접근을 통제하며 오래된 순서대로 꺼내 사용하라.
- [ ] 지하층은 불투과성 코팅제를 사용하여 씌워라.
- [ ] 산업용 혹은 해로운 액체 물질을 저장하고 있는 지역에서 빗물이 넘치거나 액체 유출 등으로 다른 지역이 오염되는 것을 막기 위해 둔덕 2차 봉쇄 지역 혹은 정원을 조성하라. '
- [ ] 오염의 가능성이 있는 모든 물질을 조리장, 배수관, 음식물 보관 창고 등에게서 멀리 떨어진 곳에 저장하라.
- [ ] 정기적으로 화학물질, 페인트, 세정제 등의 배출, 누출, 넘침 등을 점검하고 기록하라.
- [ ] 화학제품이나 세정제 등을 옮길 때에는 흘리거나 누출되는 것을 방지하기 위해 반드시 파이프나 호스처럼 밀폐된 수단을 이용하라.
- [ ] 쓰레기통에는 뚜껑을 달고 넘치지 않도록 주의하며 빗물이 침투되지 않도록 하라.
- [ ] 자동차나 기계류를 씻은 물이 빗물 배수관으로 넘쳐 흘러가지 않게 하라. 혹시 그럴 위험이 있는 지역에는 어떤 방식으로 이 같은 오염을 막아야 하는지 설명문을 작성해서 붙여라.

☐ 조경 지역에는 덮개나 보호천을 사용하여 노출된 토양이 씻겨 나가 빗물 배수관으로 흐르는 것을 막아라.

☐ 빗물 배수관을 정기적으로 점검하고 쓰레기나 검불, 토양 등에 의해 막히지 않게 하라.

☐ 매년 우기가 시작되기 전에 배수구의 찌꺼기 받침을 잘 청소하라.

☐ 차단밸브나 빗물 배수구 플러그 등을 사용하여 오염물질을 흘렸을 경우 빠르게 대응할 수 있도록 하라.

☐ 회사나 직원 차량에서 새어 나올 수 있는 오염물질을 처리하기 위해 간편한 유출물 수거 키트를 갖추어라.

☐ 오염물질 유출 위험이 큰 곳에는 적당한 크기의 흡착포를 배치하여 손쉽게 사용할 수 있도록 하라.

☐ 모든 종류의 소독약과 살균제의 일상적인 사용을 없애라. 그렇게 하지 못한다면 환경과 건강 규칙을 반드시 준수하게 해야만 한다.

☐ 항세균제가 첨가된 제품을 사용하지 마라. 이것은 주로 손 세정제, 식기 세정제, 일반 청소용제 등에 포함되어 있다.

☐ 제품 생산과정에서 사용되는 살균제 사용을 줄이거나 친환경적 제품으로 대체하라.

☐ 병충해집중관리 Integrated Pest Management, IPM 시스템을 도입하여 살충제 사용량을 줄이거나 없애라. IPM은 환경을 깨끗하게

유지하거나 필요한 경우에만 독성이 없거나 아주 적은 살충제를 사용하여 해충을 물리적으로 쫓아내는 활동을 포함하고 있다.

☐ 부엌, 쓰레기장, 그리고 기타 시설을 깨끗하게 유지하여 해충으로 인한 문제를 예방하라.

☐ 해충 통제가 필요한 경우 틈새나 구멍을 메우거나, 덫을 놓거나, 독성이 적고 오래가는 물질(비누, 기름, 항균물질, 미끼 등)을 사용하라. 그리고 살충제는 주기적으로 뿌리지 말고 꼭 필요할 때만 뿌려라.

☐ 해충을 막아주는 회사와 아웃소싱 계약을 체결할 때, 친환경 인증서를 가졌는지 확인하거나 IPM의 활용 혹은 비화학적인 방법으로 해충을 막는 방식을 사용하도록 계약서에 명시하라.

☐ 외부 특정 지역 주변에 무차별적으로 약을 뿌리는 행위를 허락하지 마라.

☐ 식당이나 카페에서는 반드시 유기농 음식이나 해당 지역에서 재배한 음식 재료를 구매하라.

☐ 휘발성유기화학물VOC 함유량이 적거나 없는 페인트 제품을 사용하라.

☐ 페인트는 솔벤트가 낮은 제품을 사용하라.

☐ 천연 혹은 저공해 빌딩 자재, 카펫, 가구 등을 사용하라.

- [ ] 형광등을 무수은 LED 조명으로 바꿔라.
- [ ] 사무실에서 사용할 수 있는 배터리 충전장비를 갖춰라. 손전등과 리모콘 등에는 충전 가능한 배터리를 사용하라.
- [ ] 자동차나 기계 설비용 오일은 재활용하라.
- [ ] 무표백 혹은 무염소처리한 종이제품(복사용지, 종이 타올, 냅킨, 커피 필터 등)을 사용하라.
- [ ] 홍보용 전단이나 책자는 식물성 기름이나 VOC가 낮은 잉크를 사용하여 인쇄하라.
- [ ] 만일 제품 생산에서 해로운 물질을 제거하는 것이 불가능할 경우 유해물질이 쉽게 제거되어 새로운 제품 생산에 재활용될 수 있도록 설계하라.
- [ ] 소모품 재활용을 위해 소비자가 반품하는 시스템(프린터 카트리지 등)을 구축하라.
- [ ] 업무용 자동차 오일, 잉크젯 카트리지, 복사기 토너 등의 쓰레기를 따로 처리할 수 있는 공간을 확보하라.
- [ ] 오래되었지만 아직 사용할 수 있는 전자제품들은 재활용센터에 기부하라.

건설 관련 팁

- [ ] 모든 건축 활동에는 LEED 인증을 받아라.

☐ 건물 철거 시 목재, 인조 벽, 카펫 등을 재활용하라.

☐ 카펫, 캐비닛, 석고보드, 파티션, 도자 및 타일, 지붕재 등 재활용할 수 있는 물품을 명시하라.

☐ 리모델링할 경우 자연 채광률을 높이기 위한 설계를 고려하고, 작업 공간을 잘 배치하여 햇빛을 더 많이 확보하라.

사무실 운영 팁

☐ 성능기준에 맞는 재활용용품을 명기하라. 여기에는 판지, 종이(봉투, 편지지, 명함, 종이 타올, 티슈, 화장지, 시트 커버 등), 쓰레기 봉투, 레이저 프린터와 복사기 토너 카트리지 등이 포함된다.

☐ 에너지 효율 등급이 높은 복사기와 팩스기를 사용하라. 연간 전기료를 50~60퍼센트까지 절약할 수 있다.

☐ 전력 관리 소프트웨어를 사용하여 컴퓨터와 프린터의 전원을 자동으로 조절하라.

☐ 장비의 경우 대기 모드(에너지 절약 버튼)를 활용하라.

☐ 이메일을 프린트하지 못하게 독려하라.

☐ 복사기 혹은 프린터 종이의 30퍼센트 이상을 재활용하라.

☐ 복사기에는 양면 복사를 기본 기능으로 설정해 놓아라.

☐ 팩스 모뎀을 활용하여 프린팅하지 말고 팩스를 보내고 받을 수 있게 하라.

- [ ] 팩스를 보낼 때 커버 용지를 따로 만들지 못 하게 하라.
- [ ] 불필요한 양식을 제거하고 종이를 덜 쓰도록 문서를 재설계하며 전자 결재로 전환하라.
- [ ] 정크 메일을 줄여라.
- [ ] 신문은 온라인으로 구독하라.
- [ ] 물리적인 매뉴얼 사용을 최소화하고 온라인으로 만들어라.
- [ ] 회람 대신 게시판을 활용하여 프린트되는 종이의 양을 줄여라.
- [ ] 메일 리스트 복사를 하지 마라.
- [ ] 콩기름이나 VOC 함유가 낮은 잉크를 사용하라.
- [ ] 컴퓨터와 프린터는 구매 대신 리스를 활용하라.
- [ ] 프린트에는 이면지 함을 만들어 활용하라.
- [ ] 봉투, 바인더, 폴더 등과 같은 사무용품을 재활용할 수 있게 한곳에 모아 관리하라.
- [ ] 재활용 토너 카트리지를 사용하라.
- [ ] 부서별로 종이 사용량을 분석하라.

식당과 카페 운영 팁

- [ ] 식당과 카페에서는 재활용할 수 없는 포장지의 사용을 금지하고 일회용 품목 대신 머그잔과 그릇, 접시, 면 타올 등을 비

치하라.

☐ 에너지 효율이 높은 냉장고를 사용하라.

☐ 행사를 진행할 경우에도 일회용기 사용을 자제하라.

☐ 음식 쓰레기는 퇴비로 활용하라.

조 경 팁

☐ 강력한 공기로 나뭇잎을 쓸어내는 장비 사용을 금지하라. 이 것은 나뭇잎뿐 아니라 미립자도 함께 쓸어버리고 가스 배출 과 소음 공해를 유발한다.

매 점 운 영 팁

☐ 종이 가방 대신 면 가방을 원가로 제공하고 제품 포장을 줄 이거나 없애라.

우리는 왜 이 책을 쓰게 되었나?

파타고니아의 사명 선언문은 "우리는 필요한 제품을 최고의 품질로 만들고, 제품 생산으로 환경 피해를 주지 않으며, 환경위기 극복을 위한 해법을 찾아 널리 알리고 실천한다." 이다. 파타고니아의 창업자이자 현재 회장인 이본 쉬나드는 이미 그의 첫 번째 책《파도가 칠 때는 서핑을 Let My People Go Surfing》에서 회사의 창립 배경과 철학에 대해, 그리고 제품 설계와 판매, 영업, 재무 등의 분야에서 적용되는 경영지침을 자세히 밝혔다. 그러나 우리는 파타고니아라를 운영하면서 얻은 소중한 경험을 경영학과 학생이나 이제 사회생활을 시작한 청년들, 그리고 기업활동으로 인한 환경 피해를 줄이고자 하는 모든 이들과 나누기 위해서는 새로운 책이 필요함을 느꼈다.

파타고니아는 특별하지 않다. 다른 일반 기업과 마찬가지로 생존을 위해 이익을 추구하고, 원가를 통제하며, 제한된 자원을 통해 제품을 생산하고 있다. 다른 일반 기업들과 크게 다르지 않기 때문에, 우리는 그들이 하고 있으며 할 수 있는 일들을 해왔다.

그러나 파타고니아는 같은 일을 전혀 다른 방법으로 했다. 우리는 기존의 생각과 관습을 깨고 사업에 대한 새로운 규칙을 만들어 냈다. 덕분에 우리는 사업적 관점에서 아주 위험하다고 생각되는 것에 대해서도 과감하게 도전했고 큰 성과도 낼 수 있었다. 그리고 이런 경험을 독자들에게 전하고 싶었다. 우리는 이 책을 통해 그동안 파타고니아가 벌여온 수많은 활동이 기업 문화와 사업 성공에 어떻게 기여해 왔는지를 밝히고자 했다. 또한, 기업의 책임 있는 사회적·환경적 활동의 전개 방식에 대해서도 자세히 알리고자 했다.

파타고니아는 왜 이런 일을 할까?

기업의 일상적인 활동으로 인해 발생한 환경 위기는 우리의 생각보다 훨씬 심각한 수준이다. 우리의 경제는 환경뿐 아니라 재무적으로나 사회적으로도 더는 지속 가능하지 않다는 데 문제가 있다. 그러나 기업이 기존에 해 왔던 사업 방식을 갑자기 바꾸기란 쉽지 않다.

그러나 우리는 이 책을 통해 모든 기업이 활용할 수 있는 실질적인 지침을 제공하고자 한다. 당신은 이미 혼자가 아니다. 곧 당신과 같은 문제로 고민하는 다른 사람을 만나게 될 것이다. 우리가 앞으로 해야 할 일 중에는 정말 불가능해 보이는 것들이 있을 수도 있다. 하지만 아무리 어려운 일이더라도 그 해결 방법은 뜻밖에 간단할 수 있다. 뜨거운 가슴과 의지만 있다면 어떤 문제든 해결해 나갈 수 있다.

이제는 지구가 짊어지고 있는 짐을 덜어줘야만 우리가 살 수 있음을 명심해야 한다.

2013년 10월 5일
빈센트 스탠리

추천 도서 목록

• Lester R. Brown, World on the Edge (New York: W.W. Norton, 2011)

• Yvon Chouinard, Let My People Go Surfing (New York: Penguin, 2006)

• Daniel C. Easty and Andrew S. Winston, Green to Gold (New Haven: Yale University Press, 2006)

• Daniel Goleman, Ecological Intelligence (New York: Broadway Books, 2009)

• Marc Gunther, Faith and Fortune (New York: Crown Business, 2004)

• Paul Hawken, The Ecology of Commerce Revised edition (New York: Collins Business Essentials, 2010)

• Paul Hawken, Amory Lovins, L. Hunter Lovins, Natural Capitalism (New York: Little, Brown, 1999)

• Edward Humes, Force of Nature(New York: Harper Business, 2011)

• William McDonough and Michael Braungart, Cradle to Cradle (New York: North Point, 2002)

• Bill McKibben, Deep Economy (New York: Times Books, 2007)

• Jack Stack and Bo Burlingham, A Stake in the Outcome (New York: Doubleday Business, 2002)

1장

- 레이 앤더슨의 부고 소식: 이코노미스트 2011년 9월 10일자, www.economist.com/node/21528583

- 잭 스택의 혁신 사례: INC 매거진 2004년, www.inc.com/magazine/20040401/25stack.html

- 구글 사례(20퍼센트의 시간을 자신이 좋아하는 일에 투자): 구글 Inc 2011, www.google.com/intl/en/jobs/lifeatgoogle/englife/index.html

- 400개가 넘는 지수 개발 관련 기사: 에코라벨 인덱스 홈페이지 2012년 3월 10일, www.ecolabelindex.com

- 월마트가 그랬듯이 기업이 10대를 두려워해야 하는 이유: 에드워드 흄Edward Humes의 저서 Force of Nature(하퍼콜린스, 2011) 235쪽

- 월마트의 이미지에 대한 설문 조사: 에드워드 흄Edward Humes의 저서 Force of Nature(하퍼콜린스, 2011) 52쪽

- 하버드비즈니스스쿨의 사회적 책임 투자 펀드 수익률: 하버드 비즈니스 스쿨 워킹페이퍼, No. 12-035, 2011년 11월

- 나이키의 어린이 노동력 착취 사례: FIBER 보고서 "Nike & Responsibility" 2008년, www.udel.edu/fivber/issue1/responsibility

- 코카콜라 공장 폐수 처리 약속: 타임 매거진 2011년 2월 21일, www.time.com/time/maga-zine/article/0,9171,2048324,00.html

- 다우와 네이처 컨저번시와의 협력: 블룸버그 비즈니스 위크 2011년 1월 24일, www.busi-nessweₐ.com/ap/financialnews/D9KV0EA81.htm

- 코카콜라, 다우, 켈로그, 듀폰 등의 포장재 개발 사업: 트리 휴거Tree Hugger 2011년 3월 10일, www.treehugger.com/file/2011/03/coca-cola-dupont-kelloggs-establish-trade-organization-sustainable-packaging.php

- 월마트 100퍼센트 재생에너지 사용 약속: 에드워드 휴Edward Humes의 저서 Force of Nature(하퍼콜린스, 2011) 104쪽

- 미국 낙농업계와 월마트의 협력 사례: 에드워드 휴Edward Humes의 저서 Force of Nature(하퍼콜린스, 2011) 162쪽

- LEED 인증 도입 현황: 다니엘 골맨Daniel Goleman의 저서 Ecological Intelligence(브로드웨이 북스, 2009) 136쪽

- LEED 적용 시 1평방푸트 당 연간 90 퍼센트의 비용 절감: 뉴욕타임즈, 2008년 1월 27일, www.nytimes.com/2008/01/27/realestate/commercial/27sqft.html?scp=1&sq=LEEDretrofit

- 조나단 로즈의 저소득층 주택 사례: 조나단 로즈 홈페이지, www.rose-network.com/green-urban-solutions-landing/green-urban-solutions 뉴욕타임즈 2010년 1월 17일자 www.nytimes.com/2010/01/17/realestate/17sqft.html?_r=183&scp=2&sp=Jonathan Rose&st=cse

- 나이키 600만 달러 투자 환경친화적 의류 디자인 평가도구 개발: 비즈니스그린Busi-ness Green 2011년 8월 23일, www.businessgreen.com/bg/news/2103668/eco-indexapparel-tool-upgrade-moves-pilot-phase

- 지속가능성의류연합 평가도구 개발: Yvon Chouinard, Jib Ellison, Rick Ridgeway "The Big Idea: The Sustainable Economy" 하버드비즈니스리뷰 2011년 10월

- 예본 쉬나드와 존 플래밍 초대장 발송: Yvon Chouinard, John Fleming "21st Century Apparel Leadership Consortium" 초대장, 2009년 1월 10일

- 참석자들이 지속가능성의류연합의 회원으로 가입: Yvon Chouinard, Jib Ellison, Rick Ridgeway "The Big Idea: The Sustainable Economy" 하버드비즈니스리뷰 2011년 10월

- 400개가 넘는 지수 개발: Ecolabel index, 2012년 3월 10일 www.ecolabelindex.com 자료

- 환경에 미치는 영향 90퍼센트가 제품 설계 단계에서 결정된다는 월마트 사례: Daniel Goleman, Ecological Intelligence, 브로드웨이북스, 2009년, 93쪽

- 파타고니아 폴로셔츠 한 장 제작에 들어가는 유기농 면 재배를 위해서는 2700리터의 물이 필요함: 파타고니아, 2011년 12월 28일 www.patagonia.com/us/footprint 자료

2장

- 알프레드 노스 화이트 헤드 인용: Alfred North Whitehead의 저서 The Concept of Nature, Cambridge University Press, 1920년, 178쪽

- 미국 환경보호국 6만2000가지 산업용 화학물질 확인 등 인용: Daniel Goleman의 저서 Ecological Intelligence(브로드웨이 북스, 2009) 153쪽

- 낮은 신체적 면역력의 반영 연구 인용: Daniel Goleman의 저서 Ecological Intelligence(브

로드웨이 북스, 2009) 152쪽

● 유방암 발병 비율 인용: M.H. Forouzanfar et. Al., "Breast and cervical cancer in 187 countries between 1980 and 2010: a systematic analysis" 2011년 10월

● 부영양화 현상의 확대: Daniel Goleman의 저서 Ecological Intelligence(브로드웨이 북스, 2009) 58쪽

● 1959년 이후 대기 이산화탄소 농도 인용: NASA, "Global Climate Change" www.climate. nasa.gov

● 라르센 B 빙산 인용: NASA "Researchers Provided Detailed Picture of Ice Loss Following Collapse of Antarctic Ice Shelves" 2011년 7월 25일, www.nasa.gov/topics/earth/features/larsen-collapse.html

● 1960년 자원 소비 상황 인용: World Wildlife Fund "Living Planet Report 2010: A Summary" 2010년 13쪽

● 생물학자들이 주장하는 지구의 여섯 번째 멸종 위기: John Mulrow "World Will Completely Miss 2010 Biodiversity Target" Vital Signs 2011년 40쪽

● 호수와 강으로부터 끌어다 쓰고 있는 물의 양 증가 인용: "Current State & Trends Assessment Report" Millennium Ecosystem Assessment, 2005년, www.maweb.org/en/Condition.aspx

● 미국 중서부 표층토양의 유실 인용: "Why Do You Need to Care about Kansas Soil" US Dept. of Agriculture, Natural Resources Conservation Service, www.ks.nrcs.usda.gov/soils/stsoil.html

● 리차드 닉슨의 멸종위 동물보호법 서명 인용: Richard Nixon "Special Message to the

Congress Outlining the 1972 Environmental Program" 1972년 2월 8일

- 2010년 환경성과지수 국가별 순위 인용: Environmental Performance Index: 2010, www.wikipedia.org/Environmental_Performance_Index, www.epi.yale.edu

- 2011년 퓨연구소 설문 조사 인용: Pew Research Center "Economy Dominates Public's Agenda, Dims Hopes for the Future: Public's Policy Priorities" 2011년 1월 20일

3장

- 제트기를 띄우는 데 70만명의 근육질 남자 필요 인용: Thomas J. Plocek, Offshore Infrastructure Associates, Inc., "Power and Economic Development" 2008년 4월 24일

- 10억 명 이상의 사람들이 사막화로 인해 위협받고 있는 지역에서 살고 있음: The United Nations Convention to Combat Desertification, www.un.org/ecosocdev/geninfo/sustdev/desert.htm

- 여섯 개의 직종 중 다섯 개가 생산성 증가로 사라짐: W.A. Ward, "Manufacturing Jobs, 2000–2005" Economic Development Journal 5, 2006년 겨울호, 7–15쪽

- 2011년 푸마가 프라이스워터하우스쿠퍼스에게 환경적 손익계산서 작성을 의뢰: Yvon Chouinard, Jib Ellison, Rick Ridgeway "The Big Idea: The Sustainable Economy" 하버드 비즈니스리뷰 2011년 10월

- 2010년 세계은행 총재 로버트 조엘릭 인용: Adnrew Revkin "World Bank Pushes to Include Ecology in Accounting" The New York Times, 2010년 10월 28일자 오피니언

● 비-랩스의 베네피트 기업 인증: The B Lab "B Corporations" www.bcorporation.net

● 전 세계적으로 400개가 넘는 사회적 환경적 지수가 존재: Ecolabel Index, 2011년, www.ecolabelindex.com

● 폐기물의 75퍼센트를 개인이 아닌 기업이 만들고 있음: Annie Leonard, The Story of Stuff, 프리프레스, 2010년 295쪽

● 독일, 일본, 중국 정부의 순환 경제 발표: Gary Gardner "Global Output Stagnant "Vital Signs 2011, 월드워치 기구, 2011년, 75쪽

● 미국 재무부 면화가격 유지를 위해 매년 20억 달러를 지출: Missy Ryan "US is expected to loss WTO fight on cotton subsidies" The New York Times, 2008년 2월 14일

● 조셉 스티글리츠 인용: Joseph E. Stiglitz, Amartya Sen, and Jean-Paul Fitoussi "Mismeasuring Our Lives:Why GDP Doesn't Add Up" 뉴스프레스, 2010년

● 2010년 10월 영국 행복 지수 채택: Allegra Stratton "David Cameron aims to make happiness the new GDP" The Guardian, 2010년 11월 14일

1● 997년 이후 미국 내 지뢰 제조 불법 인용: International Campaign to Ban Landmines, 보도자료

● 다니엘 골맨의 이콜로지컬 인텔리전스 지 인용: Daniel Goleman의 저서 Ecological Intelligence(브로드웨이 북스, 2009) 50쪽

4장

- 시에라 등반가 도우 로빈슨의 쵸크 사용법 인용: Doug Robinson "The Whole Natural Art of Protection" Chouinard Equipment 카탈로그, 1972년, 12쪽

- 지구를 위한 1퍼센트: www.onepercentfortheplanet.org

- 환경보호청 허리케인 크트리나 피해자들의 포름알데히드 중독 관련: National Academy of sciences "EPA's Draft Health Assessment for Formaldehyde Needs Improvement" 2011년 4월 8일

- 면을 심기 위해 땅 속과 위에 살아 있는 모든 생물을 죽이는 유기인제 살포: Edward Humes, Force of Nature, 하퍼 콜린스, 2011년 126쪽

- 경작지 2.5퍼센트에 불과한 목화밭이 화학살충제 15퍼센트와 농약의 10퍼센트를 흡수: Edward Humes, Force of Nature, 하퍼 콜린스, 2011년 126쪽

- 유전적으로 변형된 비티 목화: Guillaume Gruere, Purvi Mehta-Bhatt, Debdatta Sengupta "Bt cotton and farmers suicides in India" International Food Policy Research Institute Discussion Paper 00808, 2008년

- 목화밭은 매년 1억6500만톤의 온실가스 배출: Edward Humes, Force of Nature, 하퍼 콜린스, 2011년 126-127쪽

- 목화밭 수확기 이전 고엽제인 파라콰트 살포: Daniel Goleman의 저서 Ecological Intelligence(브로드웨이 북스, 2009) 23쪽

- 남중국해로 흐르는 주장 강의 오염상태: Emily Chang "China's famed Pearl River under denim threat" CNN World, 201년 4월 26일

- 세계은행 약 20퍼센트의 공영용수 오염이 섬유 염색 및 처리과정에서 발생되는 것으로 추산: Samuel Hong Shen Chan, Ta Yeong Wu, Joon Ching Juan, Chee Yang The "Recent Developments of metal oxide semiconductors as photocatalysts in advanced oxidation processes(AOPs) for treatment of dye waste–water" Journal of Chemical Technology and Biotechnology 86, no. 9, 2011년 9월

- 2010년 중국과 인도의 섬유공장 환경법 위반으로 문을 닫음: Aaron Raybin "Excessive water pollution closes India dye houses" AirDye Inc., 2011년 5월 2일

- 15년 후 전 세계 인구의 3분의 1에서 절반에 이른 ㄴ사람이 가뭄으로 황폐해진 지역에서 거주: Global Warming Forecasts: 2025, www.global-warming-forecasts.com/2025-climate-change-global-warming-2025.php

- 제프 스톡스 말 인용: Patagonia Inc., "What Is Quality for Our Time?" Footprint Chronicles Video, www.video.patagonia.com/video

- 아브라람 매슬로우 이론 인용: A.H. Maslow "A Theory of Human Motivation" Psychological Review 50, 1943년, 370-396쪽

- 캐씨 리 기포드 의류공장 12살 아동 고용: The National Labor Committee "Children Found Sweing Clothing For Wal-Mart, Hanes & Other UW & European Companies" Harvard Law School

- 공정노동협회 설립: Fair Labor Association, www.fairlabor.org

- 요람에서 요람까지 개념: William McDonough and Michel Braungart, Cradle to Cradle:Remarking the Way We Make Things, 노스포인트 프레스, 2002년

5장

- 데이얼 골만의 신념 인용: Daniel Goleman의 저서 Ecological Intelligence(브로드웨이 북스, 2009)

- 1994년 존 엔킹톤 인용: Denise Caruso "When Balance Sheets Collide With the New Economy" The New York Times, 2007년 9월 9일

- 국제자연보호협회와 국제보전협회의 활동 인용: Yvon Chouinard, Jib Ellison, Rick Ridgeway "The Big Idea: The Sustainable Economy" 하버드비즈니스리뷰 2011년 10월, 59쪽

- 공유가치 창출 인용: Michael Porter, Mark Kramer "Strategy & Society:The Link Between Competitive Advantage and Corporate Social Responsibility" Harvard Business Review, 2006년 12월

- 세계은행 회장 로버트 조엘리크의 주장: Andrew Revkin "World Bank Pushes to Include Ecology in Accounting" The New York Times, 2010년 10월 28일, 오피니언

- 인류학자 로빈 둔바 인용: Malcolm Gladwell, The Tipping Point, 백베이북스, 2002년

- 월스트리트저널 미국 소득 격차 보도: Ellen Byron "As Middle Class Shrinks, P&G Aims High and Low" The Wall Street Journal, 2011년 9월 12일

- 월마트 100퍼센트 재생 가능한 에너지 사용 인용: Edward Hummes, Force of Nature, 하퍼콜린스, 2011년, 104쪽

- 월마트 매장 운영과 제품 운송으로부터 오는 환경적 영향 10퍼센트 불과: Edward Hummes, Force of Nature, 하퍼콜린스, 2011년, 181쪽

- 아빈 사례: Patagonia Inc. "Conspiracy or Transparency" Footprint Chronicles, 2010년

이본 쉬나드 Yvon Chouinard

유명한 등산가이자 파타고니아 창업자 겸 공동 소유주. 크레이그 매튜Craig Mathews와 함께 '지구를 위한 1%'를 공동으로 설립하여 연간 매출의 1% 이상을 환경보호 기금으로 적립하는 캠페인을 벌이고 있다. 부인 말린다Malinda와 함께 캘리포니아 벤추라와 와이오밍 무스를 오가며 등산과 서핑, 플라이 낚시 등을 즐기며 살고 있다.

빈센트 스탠리 Vincent Stanley

쉬나드의 조카로 1973년 파타고니아 창업 이후 줄곧 입사와 퇴사를 반복하며 수년간 도매사업부문 부사장으로 재직했다. 최근 파타고니아의 발자국 연대기Footprint Chronicles, 공동자원활용운동, 그리고 파타고니아출판 등의 사업을 이끌고 있다. 작가인 부인 노라 갈라퍼Nora Gallahger와 함께 캘리포니아 산타바바라에 살고 있다.

이 책의 번역과 투자는 좋은 콘텐츠를 찾아 널리 알리자는 취지에 동참한 한국CFO스쿨의 N클럽 북펀드 모임에 참여한 6명의 경영인에 의해 이뤄졌습니다. 번역자 일동은 이 책에 담긴 철학과 신념을 존중하여 도서 매출의 1%를 환경보호 기금으로 적립하여 취지에 맞게 사용키로 약속했습니다.

박찬웅

중앙대 회계학과, 서강대 MBA 졸업. KAIST AIC 수료. 금성통신, LG소프트, 장은할부금융, 한빛소프트 CFO를 거쳐 현재 에듀박스 CFO와 벤처기업협회 금융자문위원으로 근무하고 있습니다. CFO(Chief Future Officer)로 우리 아이들의 미래를 고민합니다.

심규태

북펀드 운영자로 N클럽 퍼실리테이터이자 호스트. 한국CFO스쿨 대표이사.

양미경

AICPA로 에이온휴잇코리아 상무. 고려대학교 국어국문학과, 조지워싱

턴대학교 회계학석사, 카이스트 AIC와 Aon - Harvard Advance Program 수료했으며 MTV와 GAP의 CFO로 근무했습니다.

장인형

틔움출판 발행인 겸 대표 편집인. 지구의 지속가능성을 위협하는 섣부른 개발과 성장을 반대합니다.

조용노

외대 스페인어과 졸업. 코오롱상사에서 사회 생활을 시작하여 글로벌스포츠(뉴발란스) 대표이사를 거쳐 현재 파타고니아 코리아와 네오미오 대표이사를 맡고 있으며 VF Korea 경영컨설턴트를 겸임하고 있습니다.

최원호

김천고등학교와 서울대 축산과 졸업. 건강한 먹거리 문화를 만들어 가는 카길애그리 퓨리나 이사. 고객의 소리를 제품으로 전달하는 영업에 이어 현재 공급사슬 관리 업무를 수행하고 있습니다.

리스판서블 컴퍼니 파타고니아

지은이 　 이본 쉬나드 · 빈센트 스탠리
옮긴이 　 박찬웅, 심규태, 양미경, 장인형, 조용노, 최원호

이 책의 편집과 교정은 장인형과 유재현이, 디자인은 노영현이, 출력과 인쇄, 제본은 꽃피는청춘 임형준이, 종이 공급은 대현지류의 이병로가 진행해 주셨습니다. 이 책의 성공적인 발행을 위해 애써주신 다른 모든 분들께도 감사 드립니다. 틔움출판의 발행인은 장인형입니다.

초판 1쇄 발행 2013년 11월 05일
초판 4쇄 발행 2019년 4월 10일

펴낸 곳 　 틔움출판
출판등록 　 제313-2010-141호
주소 　 서울특별시 마포구 월드컵북로4길 77, 3층
전화 　 02-6409-9585
팩스 　 0505-508-0248
홈페이지 www.tiumbooks.com www.facebook.com/tiumbooks

ISBN 978-89-98171-08-7 03320

잘못된 책은 구입한 곳에서 바꾸실 수 있습니다.

틔움은 책을 사랑하는 독자, 콘텐츠 창조자, 제작과 유통에 참여하고 있는 모든 파트너들과 함께 성장합니다.